12,-

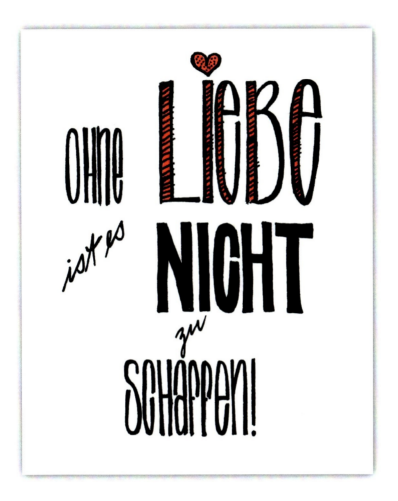

Wenn alles anders ist
als erwartet

Melanie Della Rossa

Melanie Della Rossa lebt mit ihrem Mann und ihren beiden Kindern (heute zehn und zwölf Jahre alt) in einem Drei-Generationenhaus in Zug in der Zentralschweiz. Ende 2010 erhielten die jungen Eltern für ihr zweites Kind die Diagnose „Angelman-Syndrom".
Durch die wertvolle Wohnsituation und die zusätzliche Unterstützung von Betreuerinnen und Betreuer kann ihre Tochter Julia trotz schwerer geistiger Behinderung und aufwändiger „Rund-um-die-Uhr-Überwachung" zu Hause aufwachsen.
2013 gründete Melanie den Angelman Verein Schweiz und bietet seither eine Anlaufstelle für betroffene Familien.
www.angelman.ch

Ihr Buch „Ohne Liebe ist es nicht zu schaffen!" wurde 2017 im Eigenverlag erstellt und kann auf der Webpage des Angelman Vereins Schweiz käuflich erworben werden:
www.angelman.ch/marktplatz

Melanie veröffentlicht ihre Texte auf ihrem Blog:
www.facebook.com/JuliaderWeg

©2017 Texte und Bilder Melanie Della Rossa
2. Auflage März 2018
ISBN 978-3-033-06529-1

Für Roman:

Weil es nichts Wertvolleres gibt
als unsere Liebe
und Du mich auffängst,
wenn ich nicht mehr kann

Für Yanis:

Weil Du der beste Sohn und Juliabruder bist,
den ich mir wünschen kann
und Du ein riesengrosses Herz hast

Für Julia:

Weil Du mich jeden Tag lehrst,
was wirklich wichtig
ist im Leben

Für meine Eltern,
meine Schwester und ihre Familie,
unsere Freunde
und für alle aus „Team Julia"

Weil ihr für uns
da seid,
uns unterstützt,
umarmt,
mit uns weint,
entlastet,
euch mitfreut
und wir ohne euch
und eure Hilfe
niemals da wären,
wo wir heute
sind

Inhaltsverzeichnis

Vorwort … 13
Wenn alles anders ist
als erwartet

1 – Die ersten Wehen … 18
Wenn der gewählte Name
in letzter Minute
hinterfragt
wird

2 – Die Geburt … 21
Wenn das zweite Mal
eigentlich einfacher
sein sollte
und es doch nicht
ist

3 – Überleben. Irgendwie … 26
Wenn die ersten Jahre
hinter grauen Schleiern
liegen

4 – Alles auf Anfang … 31
Wenn man nicht mehr
im Dunkeln tappt
und doch
den Boden
unter den Füssen
verliert

5 – Ich will es endlich wissen   36

Wenn das langersehnte Schreiben

vom Spital kommt

und doch nichts

drin steht

6 – Die Diagnose   39

Wenn ein Gendefekt

so selten ist

wie ein Sechser

im Lotto

7 – Das Angelman-Syndrom   42

Wenn der Name

nichts mit „Engel" zu tun hat

und doch

passt

8 – Damals   47

Wenn ein Bild von damals

heute mehr sagt,

als wir früher

sehen wollten

9 – Warum?   49

Wenn eine Frage sinnlos ist

und ich sie mir

trotzdem

stelle

10 – An unserer Seite   51

Wenn Nonna und Grosspapi

unendlich wertvolle

Wegbegleiter sind

11 – Geschwisterzeit	54

Wenn der Bruder
Berge versetzt

12 – An Tagen wie diesen	57

Wenn ich mich eigentlich
über den Fortschritt
freuen
sollte

13 – Neun sind ok	61

Wenn der Besuch
vor Schreck
erstarrt

14 – Schulbesuchstag	65

Wenn
gemischte Gefühle
einen Morgen
bestimmen

15 – Das schönste Schäfli der Welt	69

Wenn die Alternative
zum Jesuskind
das Schaf ist

16 – Der verdammte Tunnel	73

Wenn das Ausmass
der Hilflosigkeit
deutlicher
nicht sein kann

17 – Probieren statt studieren — 77
Wenn wir
wagen,
können wir nur
gewinnen

18 – Verbindungen fürs Leben — 80
Wenn aus Schicksal
Freundschaft
wird

19 – Feierabend — 83
Wenn der nordische Krimi
einmal mehr
warten
muss

20 – Vergleichen — 88
Wenn der Unterschied
riesig
ist

21 – Eine Sekunde Normalität — 90
Wenn ich dieses Bild betrachte,
möchte ich
aus dem Albtraum
erwachen

22 – Farbig statt schwarz — 93
Wenn ich versuche
das Positive
überwiegen
zu lassen

23 – Die sprühende Lebensfreude   95
Wenn ihre Cleverness

grösser ist,

als ich ihr

zutraue

24 – Glücksmomente   98
Wenn Julia uns lehrt,

was wirklich

wichtig ist

25 – Der ganz normale Wahnsinn   100
Wenn ein Morgen

alles andere ist

als normal

26 – Regenfee   102
Wenn der Himmel weint

und Julia

lacht

27 – Umarmungen   108
Wenn du

ohne Worte

sprichst

28 – Schattenkind   110
Wenn der Bruder

der Sonne

entgegen

lacht

29 - Eisprinzessin — 114

Wenn ein Kichern

den Schnee

zum Schmelzen

bringt

30 - (M)eine Herzensgeschichte — 116

Wenn etwas Kleines

Grosses

bewirken

kann

31 - Ferien am Meer — 119

Wenn immer ein Teil fehlt

und doch

die eine Woche im Jahr

so wichtig ist

32 - Lebenslang — 123

Wenn nichts

selbstverständlich

ist

33 - Scheisse — 125

Wenn es ist,

wie es

ist

34 - Kein einziges Wort — 129

Wenn die Worte fehlen

und auch sonst

ganz

viel

35 – Zukunft — 132
Wenn eine Frage

ihre Berechtigung hat,

aber Angst

auslöst

36 – Yanis — 137
Wenn der grosse Bruder

Antworten

gibt

37 – Die Rolle seines Lebens — 140
Wenn Juliapapa

sein Eintrittsticket

in eine andere Welt

erhält

38 – Mehr als ein Team — 147
Wenn schwere Zeiten

stärken

39 – Die richtigen Worte — 150
Wenn nur ignorieren

wirklich

falsch

ist

40 – Ich wünsche mir — 159
Wenn Julia es schafft,

dein Herz

zu öffnen

41 - Angelman Verein Schweiz 161

Wenn aus Fremden

Verbündete werden

und manchmal

sogar

Freunde

42 - Gedanken der Grosseltern 163

Wenn Enkelsterne

geboren

werden

43 - Worte von Brigitte Trümpy Birkeland 165

Wenn zwei Frauen

Projekte

verbinden

44 - Blogkommentare auf www.facebook.com/JuliaderWeg 168

Wenn mich wertvolle

Rückmeldungen

erreichen

45 - Danke 173

Wenn ich dankbar bin,

dass es dich

gibt

46 - Bildlegende 178

Vorwort

Wenn alles anders ist
als erwartet

Anders ist er,
unser Weg.
Anders als je erwartet.
Nach Jahren des Bangens und des Hoffens.
Nach zig Untersuchungen und Vermutungen.
Nach mehr als tausend schlaflosen Nächten,
ohne ersichtlichen Grund.
Nach unglaublich vielen und kräftezehrenden Schreiattacken
unseres zweitgeborenen Kindes.
Nach unzähligen Tipps unseres Umfelds,
was wir alles besser machen könnten.
Nach einem andauernden
und jahrelangen Erschöpfungszustand
der ganzen Familie.
Im Gesundheitsheft,
welches wir nach der Geburt vom Kinderarzt
für Julias Entwicklungsverlauf
erhalten haben,
stehen die Wörter:
„Gesundes Mädchen".
An dieser Aussage
haben wir uns jahrelang festgehalten.
Obwohl ganz viele Fragen
unbeantwortet blieben.
Wir haben gehofft,
irgendwann aus diesem Albtraum
zu erwachen.
Zu erfahren,
wieso unsere Julia nicht läuft.
Nicht spricht.
Nicht schläft.
Sich nicht normal entwickelt.
Und dann,
nach erneuten Abklärungen,

die niederschmetternde Diagnose
für unsere knapp vierjährige Tochter.
Angelman-Syndrom.
Ein Gendefekt auf dem 15. Chromosom.
Ein Zufall.
Wie ein Sechser im Lotto.
Nur eben andersrum.
Den Jackpot,
den sich niemand wünscht.
Von einem Moment auf den anderen
änderte sich alles.
Aus Entwicklungsrückstand
wurde schwer behindert.
Aus der Aussage:
„Das kommt schon noch."
wurde:
„Das wird sie nie selbstständig können."
Die Welt stand still.
Unsere Welt.
Sie hörte auf sich zu drehen.
Der Boden unter unseren Füssen
war verschwunden.
Von einem Moment auf den anderen
wurde unser Familienleben
ein komplett anderes als erwartet.
Ein anderes als erhofft.
Mittlerweile haben wir uns gefangen.
Unsere Welt bewegt sich wieder.
In einem anderen Takt zwar.
Aber
sie dreht sich wieder.
Einige aus unserem Umfeld
haben sich unserem Tempo angepasst.
Andere haben nicht zurückgesehen.

Weil sie es nicht schafften.

Oder weil anderes wichtiger war.

Oder weil sie es nicht konnten.

Oder aus welchen Gründen auch immer.

Wir haben sie ziehen lassen.

Auch wenn es wehtat.

Es kommen in jedem Leben immer wieder Kreuzungen.

Nicht alle gehen in dieselbe Richtung.

Das ist ok.

Wir haben unsere eigene Geschwindigkeit.

Julia bestimmt sie.

Auf unserer Route

haben wir viele wunderbare Menschen kennengelernt,

denen wir sonst

nie begegnet wären.

Auf unserem Weg,

der so anders ist,

als vorgestellt.

Jeder verarbeitet sein Schicksal anders.

Ich habe für mich das Schreiben entdeckt.

Habe begonnen

zu bloggen.

Mal nachdenklich.

Mal traurig.

Mal voller Freude.

Mal voller Stolz.

Mal wütend und erschöpft.

Aber immer voller Liebe.

Voller Liebe zu Julia.

Zu meinem Mann.

Zu unserem Sohn,

dem Heldenbruder unserer Julia.

Ich möchte ein Fenster öffnen

in eine Welt,

die für viele unvorstellbar ist.
Die Gelegenheit geben,
ein Stück an unserer Seite zu gehen.
Einen Einblick zu erhalten
in den Alltag mit einem Kind
mit einer schweren geistigen Behinderung,
welches lebenslang
auf Pflege und Betreuung
angewiesen sein wird.
Ein Leben das anders ist,
so anders als erwartet.
Als erhofft.
Und doch ist es auch
ein unendlich kostbarer
und wertvoller Weg.
Bunt,
abwechslungsreich,
durchorganisiert und strukturiert
und trotzdem chaotisch
und voller ungeplanter Ereignisse.
Und zu guter Letzt
ist er ausgefüllt
mit uneingeschränkter Liebe.
Der Liebe
zu unserer
Julia.

1 – Die ersten Wehen

Wenn der gewählte Name
in letzter Minute
hinterfragt
wird

5. Schwangerschaftswoche

Ich bin schwanger.

Wir freuen uns ganz fest und können es noch gar nicht fassen!

Obwohl mir schon ein paar Tage schwindlig wird beim Aufstehen und mich ab und zu eine starke Übelkeit überrollt, ist es trotzdem eine Überraschung auf unseren zweiten Hochzeitstag hin.

Ich hoffe, es geht dir gut in meinem Bauch!

Yanis freut sich auch schon auf dich.

Tagebucheintrag vom 4. März 2007

34. Schwangerschaftswoche + 6 Kilo

Der Bauch ist kugelrund und dir geht es gut. Du wiegst schon 2100g, und alles ist in Ordnung.

Unglaublich.

In etwa sechs bis acht Wochen sind wir schon zu viert.

Wir sind auf dem Spielplatz.

Yanis.

Nonna.

Ich und mein Bauch.

Oder:

Meine Riesenkugel und ich.

Fühle mich im Walfischstadium.

39. Schwangerschaftswoche und zwei Tage.

Und ich habe die Schnauze voll.

Will endlich wieder schlafen.

Hätte ich zu diesem Zeitpunkt gewusst,

was mich die nächsten Jahre erwartet,

ich hätte wohl über meine eigenen Gedanken gelacht.

Ein Junge haut Yanis zum x-ten Mal

mit der Sandkastenschaufel auf den Kopf.

Die Mutter mahnt:

„Noah, wenn Du nicht aufhörst,

dann gehen wir heim."

Sie hat es schon mehrere Male gesagt.

Ohne Konsequenzen.

Etwas anderes

finde ich aber

in diesem Moment

noch viel schrecklicher.

Der Rabauke heisst „Noah".

Unser zweites Kind,

soll nämlich so heissen,

wenn es ein Junge wird.

Während ich daran herumstudiere,

ob das irgendein Zeichen ist,

setzen die ersten Wehen ein.

Mir ist sofort klar:

„Jetzt gehts los."

2 - Die Geburt

Wenn das zweite Mal
eigentlich einfacher
sein sollte
und es doch nicht
ist

Die Schmerzen werden stärker.

Intensiver.

Rascher aufeinanderfolgend.

Neun Stunden nach der ersten Wehe

entscheidet meine Hebamme am Telefon:

„Macht euch auf den Weg ins Spital."

Die halbstündige Fahrt

kommt mir endlos vor.

Unmöglich ist es im Auto

eine passende Sitzposition

zu finden.

Alles tut weh.

Ich hab jetzt schon genug.

Aber ich weiss,

es ist erst der Anfang.

Am Empfangstresen im Spital,

habe ich erneut Wehen.

Ich muss mich an den Wänden abstützen.

Die Kälte an meinen Händen tut gut.

Die Uhr im Spital zeigt nach Mitternacht.

Neben mir scheint Roman

mit der Spitaltasche in der Hand

hilflos.

Trotzdem.

Er spricht mir gut zu:

„Bald haben wir unser zweites Kind in den Armen",

höre ich ihn sagen.

Dass ich weiteren

zehn Höllenqualstunden

ausgesetzt sein werde,

davon ahne ich

in diesem Moment

nichts.

Das Jetzt

ist schon mehr als

anstrengend genug.

Wehe reiht sich an Wehe.

Alle drei bis vier Minuten,

lese ich Monate später

im Partogramm,

dem Geburtsverlaufsbogen.

Mit einem Tropf

werden die Wehen künstlich

stundenlang zusätzlich verstärkt,

da unser Kind

einfach nicht auf die Welt kommt.

Irgendwann bestellen wir das Morgenessen.

Die Worte der Hebamme:

„Dann ist das Baby bestimmt da!",

lassen mich hoffen,

und die Stunden bis dahin

scheinen absehbar.

Es wird Morgen.

Noch immer habe ich unglaubliche Schmerzen.

Es geht aber einfach nicht vorwärts.

Schon lange wurde die Fruchtblase angestochen,

aber auch das

half nichts.

Das Frühstück interessiert niemanden.

Eine Wehe nach der anderen

überrollt mich.

Ich kann nicht mehr.

Die Geburt von Yanis

vor zwei Jahren

war ein Klacks gegen das,

was hier mit mir geschieht.

Das zweite Mal

sollte es doch einfacher gehen,

stand in dem Schwangerschaftsratgeber,
der wochenlang auf meinem Nachttisch lag.
Die Hebamme stellt den Wehentropf
noch höher.
Peitschenhiebe jagen
durch meinen Körper.
Völlig entkräftet
fühle ich das kalte Metall
des Bettgitters an meiner Wange.
Ich beisse darauf.
Der Druck im Unterleib
ist unerträglich.
Und dann,
Ewigkeiten später,
nach hunderten von
immer wiederkehrenden Krämpfen,
habe ich es endlich geschafft.
Da liegt es.
Unser Baby.
Mit der Nabelschnur
eng um den Hals.
Es ist still.
Viel zu still.
Ich nehme hektische Bewegungen
der Hebammen und des Arztes wahr.
Selber bin ich aber
wie erstarrt.
Kraftlos.
Erschöpft.
Liege einfach nur da.
Unfähig zu reagieren.
Höre weit entfernt Stimmen.
Den Inhalt verstehe ich nicht.
Es geht lange,

bis endlich ein Schrei
die furchtbare Stille beendet.
Irgendwie
ist da etwas seltsam.
Die ganze Geburt.
Anders wie bei Yanis.
Aber dieser Gedanke
verschwindet sogleich wieder,
als ich unser Kind
Minuten später
auf die Brust gelegt bekomme.
Das Glück ist spürbar.
Fühlbar.
„Es ist ein gesundes Mädchen.
Jetzt ist alles gut!",
sagt die Hebamme.
3190g schwer.
Am 18. April 2007,
an einem trüben Mittwochmorgen
um 10.24 Uhr,
nach mehr als zwanzig langen Stunden
hat sie
endlich den Weg
in unsere schöne Welt
gefunden.
Ein Wunder.
Unsere Julia.

3 – Überleben. Irgendwie

Wenn die ersten Jahre
hinter grauen Schleiern liegen,
weil die Kraft
fehlte

Die ersten Jahre nach Julias Geburt
liegen hinter grauen Schleiern.
Nur noch ganz vage
erinnere ich mich an das,
was in dieser schwierigen Zeit
bei uns passierte.
Was in unserem Umfeld geschah,
davon
weiss ich gar nichts mehr.
Es hatte einfach keinen Platz.
Ich erinnere mich,
dass wir sehr glücklich waren,
als wir Julia heim nehmen konnten.
Ich erinnere mich,
dass Yanis seine Schwester
vom ersten Tag an liebte
und dies bis heute nicht weniger wurde,
obwohl sie stundenlang schrie.
Ich erinnere mich,
dass er seinen Abendschoppen mit Kopfhörern trank,
damit er wenigstens für einmal
seine Ruhe hatte.
Ich erinnere mich,
dass meine Männer am Nachmittag in die Badi gingen
und Julia währenddessen durchbrüllte,
bis sie am Abend wieder heimkamen.
Ich erinnere mich
an Brustentzündungen und unsägliche Schmerzen,
weil Julia nicht richtig trank.
Ich erinnere mich
an Kinderarztbesuche und Abklärungen bei Spezialisten,
an Spitalaufenthalte und an den Rotavirus,
ein fieser Magen-Darm-Käfer,

der Julia im Alter von neun Monaten

komplett austrocknete

und ihre Nieren zusätzlich

beinahe versagen liess.

Ich erinnere mich,

dass wir uns damals von ihr verabschieden mussten,

weil niemand wusste,

ob sie auf der Intensivstation überlebt.

Ich erinnere mich an piepsende Maschinen

und daran, dass ihre Windeln immer voll waren.

An einen offenen Po,

ihr aufgedunsenes Gesicht

und ihren schmerzerfüllten Blick.

Ich erinnere mich,

dass sie sich auch danach

einfach nicht richtig entwickelte

und daran,

dass ich ahnte,

dass irgendetwas nicht stimmte.

Ich erinnere mich,

dass die Ärzte von Entwicklungsrückstand redeten

und wir ihr Zeit geben wollten.

Ich erinnere mich,

dass Julia den Schlaf nicht fand

und auch sonst nie richtig zur Ruhe kam.

Ich erinnere mich

an die vielen gutgemeinten Ratschläge unseres Umfelds,

die weder etwas brachten,

noch uns irgendwie weiterhalfen.

Ich erinnere mich,

dass ich mich während den schlaflosen Nächten erwischte,

wie ich Julia in Gedanken schüttelte,

bis sie endlich ruhig war.

Ich erinnere mich
an ihre zappelnden Hände und daran,
dass sie immer unsere Stirn,
anstatt die Augen fixierte.
Ich erinnere mich,
dass Roman und ich fast durchdrehten,
weil der Schlafentzug wie Folter war
und unsere Augenringe
immer schwärzer wurden.
Ich erinnere mich,
dass meine Eltern uns ablösten,
damit ich ein paar Stunden schlafen konnte.
Meine Schwester trotz 100 Prozent-Job
ganz oft bei uns war und half
und uns unterstützte.
Meine Schwiegermutter wöchentlich
mit Yanis Ausflüge unternahm,
uns bekochte und uns Essen brachte,
welches wir einfrieren und bei Bedarf
aufwärmen konnten.
Ich erinnere mich,
dass wir nur noch funktionierten.
Dass wir keine Energie mehr hatten für irgendetwas.
Ich erinnere mich,
dass wir sogar Streit und Diskussionen aufschoben,
auf bessere Zeiten,
in denen wir endlich wieder Kraft haben würden.
Ich erinnere mich,
dass ich mein Leben
aus purer Erschöpfung und Machtlosigkeit
mehrmals verfluchte.
Ich erinnere mich,
dass es einfach nicht besser wurde.
Das Schreien nicht aufhörte.

Die Nächte katastrophal waren.

Die Geduld schrumpfte.

Ich erinnere mich,

dass wir am Abend im Bett lagen

und uns gegenseitig

zu trösten versucht haben.

Die Weinkrämpfe des anderen ausgehalten haben

und unser eigenes Herz dabei

immer schwerer wurde.

Dass wir uns fest umarmt hielten

vor Angst,

es nicht zu schaffen.

Ich erinnere mich,

dass wir

nicht mehr konnten

und es doch

weitergehen musste.

Ich erinnere mich,

dass ich vor Wut,

Trauer und Schwere

fast geplatzt bin.

Ich erinnere mich nicht gerne

an diese Zeit.

Sie war einfach nur

schrecklich

anstrengend.

Und niemand

wusste

Rat.

4 – Alles auf Anfang

Wenn man nicht mehr
im Dunkeln tappt
und doch
den Boden
unter den Füssen
verliert

Knapp vier Jahre lang waren wir auf der Suche.

Auf der Suche nach Erklärungen auf all unsere Fragen.

Antworten, vor denen wir Angst hatten.

Und doch haben wir danach gesucht.

Hätten sie sosehr gebraucht.

Um zu verstehen,

wieso Julia anders war.

Immer zu hoffen,

dass irgendwann doch alles gut kommt,

war furchtbar anstrengend.

Immer und immer wieder Rückschläge einzustecken

noch mehr.

Das „Wiederaufstehen"

und das „Kronerichten"

konnten mich mal.

Die vielen Tipps und Ratschläge,

wir haben sie nicht mehr hören können.

Wir wollten keine „vielleicht" oder „das wissen wir nicht",

sondern klare Fakten.

Wollten uns festhalten an Geschriebenem.

An Tatsachen.

Die „Eventuell" und die „Es ist möglich, dass ..."

der Fachpersonen

brachten uns an den Rand der Verzweiflung.

Stundenlang habe ich

auf der Suche nach Antworten

im Internet recherchiert.

Habe unzählige Behinderungsarten kennengelernt,

von denen ich nicht mal wusste,

dass es sie überhaupt gibt.

Wieso auch?

Niemand in unserem Umfeld hatte eine Behinderung.

Das Heim für Schwerbehinderte an der Buslinie auf unserem Heimweg,

war der einzige Schneidepunkt in meinem Leben,

in denen ich Menschen

mit einer schweren Beeinträchtigung

begegnete.

Und ich hatte gelernt

nicht zu schauen.

Ich las in Julias ersten Lebensjahren

viel über verschiedenste Arten von Gendefekten.

Bald kannte ich mich sehr gut aus.

Eines Tages kam eine Verwandte zu Besuch und beobachtete,

wie ich mit Julia die Treppe hochlief.

Eben so,

wie nur Julia es konnte.

Mit einer enormen Körperspannung,

bis sie fast waagerecht wie ein Brett in meinen Armen lag

und den ganzen Körper durchstreckte.

„So läuft das Kind einer meiner Kolleginnen auch die Treppe hoch",

höre ich ihre Worte noch heute in meinem Ohr.

Ich dachte mir: „Ja genau!"

„Wieder jemand, der weiss, was Julia fehlt…"

Unfairerweise habe ich die Aussage gleich verurteilt.

Tat sie ab

als eine der nervenden und besserwisserischen Bemerkungen

unseres Umfelds.

Und trotzdem.

Die Erwähnung des Syndroms liess mich nicht mehr los.

Wieder surfte ich im Internet.

In Foren und auf Elternseiten.

Bis ich es schliesslich fand:

Den Beschrieb des Angelman-Syndroms.

Bei den Aufzählungen

der syndromatischen Merkmale

stockte ich.

Ich las alles durch, was ich im Netz

über diesen seltenen Gendefekt fand.

Druckte die wichtigsten Seiten aus.

Ich war mir sicher.

Ganz sicher.

Diejenigen Besonderheiten der schweren Behinderung,

die auf unsere Tochter zutrafen,

strich ich mit einem Marker an.

Ich erinnere mich,

dass fast alle Zeilen leuchteten - es beinahe blendete.

Ich war überzeugt:

„Julia hat das Angelman-Syndrom".

Natürlich nahm mich niemand wirklich ernst,

denn wir waren ja schon jahrelang

auf der Suche nach der Ursache von Julias Entwicklungsproblemen.

Hatten erfolglose Untersuchungen

bei Spezialisten verschiedenster Bereiche hinter uns.

Erhielten einen negativen Test nach dem anderen.

Und ausgerechnet ich meinte nun

das Rätsel um Julias Entwicklungsstörung

mit Hilfe des Internets und dem Tipp einer Verwandten

gelöst zu haben?

Ich konnte ihnen ihre Skepsis nicht verübeln.

Wir entschlossen uns für eine erneute Anmeldung im Kinderspital.

Nach dem Umzug in die Zentralschweiz gingen wir diesmal nach Luzern.

Wollten einen letzten Versuch unternehmen,

endlich eine Antwort zu erhalten.

Der leitende Neurologe hörte uns ganz genau zu.

Er stellte einige Fragen,

schaute mich an und sagte:

„Wenn Sie als Mutter das Angelman-Syndrom vermuten

und sich so sicher sind,

dann testen wir das!"

Dass er mich in diesem Moment ernst nahm,

werde ich ihm nie vergessen.

Das war die Liste, welche ich für meine Familie ausdruckte. Die aufgeführten Punkte bestätigten mir, was ich vermutete. Gelb markierte ich alles, was damals auf Julia zutraf.

Symptome

Die folgenden Symptome bzw. Beschwerden können beobachtet werden, dabei ist nach eher positiven (+) und nach eher negativen (-) Symptomen zu unterscheiden:

- \+ sucht vermehrt Körperkontakt
- \+ isst selbständig
- \+ geniesst Anblick von Bildern, Videos, von der Familie und sich selbst
- \+ geniesst den Anblick von Spiegelungen im Wasser oder Glas
- \+ liebt Wasserspiele und schwimmen
- \+ hat viel Sinn für Humor
- \+ Fähigkeit zum Erlernen der Zeichensprache und den Gebrauch von Bildkommunikation
- \+ versteht einfache Anweisungen
- \+ hat ein gutes Gedächtnis für Gesichter und Richtungen
- \+ freundliches Wesen
- \+ ist sehr sozial und selbstsicher

- − starke geistige Verlangsamung
- − ausbleibende Sprache
- − Störung der körperlichen Selbstwahrnehmung
- − Bewegungs- und Gleichgewichtsstörungen (Steifheit, Sprunghaftigkeit, Unbeständigkeit, Gangataxie)
- − verhältnismässig kleiner Kopf mit ca. 3 Jahren
- − plötzliche Krampfanfälle um das 2. Lebensjahr
- − flacher Hinterkopf
- − vorstehende Zunge mit auffälligem Kiefer und breitem Mund
- − übermässiger Speichelfluss und zwanghafte Kaubewegungen
- − kleine, breit verteilte Zähne
- − schielen
- − schwach pigmentierte Haut
- − breiter Gang (Füsse weit auseinander), nach aussen gedrehte Füsse
- − kleine Hände und Füsse, kurze Statur
- − übermässiges Schwitzen, Hitzeempfindlichkeit
- − Fütterungsprobleme während der Kleinkindzeit
- − gestreckte Arme (wie eine Marionette)
- − verzögertes Sitzen und Krabbeln

(Quelle: Wikipedia und Angelman Verein Deutschland)

5 – Ich will es endlich wissen

Wenn das langersehnte Schreiben
vom Spital kommt
und doch nichts
drin steht

Als ich den Briefkasten öffne,

entdecke ich das Logo des Kantonsspitals sofort.

Seit Wochen warten wir

auf dieses Schreiben.

Auf das Resultat des Gentests.

Ich halte den Umschlag umklammert

und merke wie meine Hände zittern.

Reisse hastig den Brief auf.

„Was steht drin?"

„Bekommen wir endlich eine Antwort?"

Ich lese schnell und quer.

Will es endlich wissen.

Aber ich finde nichts,

dass uns irgendetwas darüber sagt,

an welcher Art von Behinderung

unsere Tochter leidet.

Ich schaue die Sätze nochmals durch.

Langsamer.

Genauer.

Aber noch immer entdecke ich

keinen einzigen Hinweis auf ein Resultat,

auf ein Ergebnis,

auf eine Diagnose.

Nur den Vermerk,

dass wir Eltern uns in gut drei Wochen

zu einem Gespräch in der Kinderklinik einfinden sollen.

Unter dem fettgedruckten Datum und der Zeit

steht irgendetwas wie:

Wichtig, dass beide Elternteile

beim Gespräch mit dem Genetiker und dem Neurologen

anwesend sind.

„Was das wohl heisst?"

„Haben sie aufgrund des erneuten Bluttests

nach fast vier Jahren nun doch etwas herausgefunden?"

„Endlich entdeckt, was Julia fehlt?"

Ganz viele Fragen,

die vorerst unbeantwortet bleiben.

Der Termin der Besprechung ist erst in drei Wochen.

Wieder auf eine Antwort warten...

Weiter bangen!

Noch länger im Ungewissen sein!

Wir können bald nicht mehr.

Seit fast vier Jahren hoffen wir,

dass alles gut kommt.

Mehr als 1000 Tage permanente Erschöpfung.

Unvorstellbare Belastung.

Horrornächte.

Der Ausnahmezustand schlechthin.

Die Tränen kullern die Wangen runter

und hinterlassen Spuren auf dem Papier.

Und ich hoffe,

wie so oft,

endlich aus diesem Albtraum zu erwachen und zu erfahren,

wieso unsere Julia nicht läuft.

Nicht spricht.

Nicht schläft.

Sich nicht normal entwickelt.

Ich will es endlich wissen.

6 – Die Diagnose

Wenn ein Gendefekt
so selten ist
wie ein Sechser
im Lotto

Wir sitzen angespannt im Wartezimmer.

Auf kalten und harten Stühlen,

wie man sie in Spitälern halt so findet.

Aber wer will es sich

hier schon bequem machen?

Niemand wünscht sich mit seinem Kind hier zu sein.

Geschweige denn,

es sich gemütlich

zu machen.

Auch wir nicht.

Wir warten darauf,

dass die Tür aufgeht

und der leitende Neurologe oder der Genetiker

uns abholt.

Uns mitnimmt.

Ohne zu wissen,

in welche Richtung das bevorstehende Gespräch gehen wird.

„Was werden wir zu hören bekommen?"

„Ergaben die vor einigen Wochen erneut gemachten Bluttests ein Resultat?"

Fragen,

welche wir uns im Vorfeld dieses Tages

unzählige Male stellten.

Nervös und angespannt sitzen wir ganz still nebeneinander.

Halten uns an den Händen.

Hoffen, dass wir endlich Klarheit bekommen.

Und doch sind wir voller Angst vor den Resultaten.

Minuten fühlen sich an wie Stunden.

Julia ist aktiv wie immer,

räumt die Spielkiste aus und zerrt an den Kartonbüchern,

die wohl schon unzählige Kinder angesehen haben.

Wir reden kein Wort.

Und dann geht endlich die schwere Glastür auf.

Der Genetiker führt uns in ein kleines Untersuchungszimmer.

Er erläutert uns ohne Umschweife den Bericht,

den er in den Händen hält.
Ich höre ihn von einer Deletion Typ 1
auf dem Chromosom 15 reden.
Er sagt Ausdrücke wie: „Epilepsie",
„Ataxie"
und
„hypermotorisches Verhalten".
Ich verstehe kein Wort.
Julia sitzt zwischen uns am Boden
und zerrt an der Hose des Spezialisten.
Ruft unzählige Male:
„ä", „ä", „ä!"
Ihre Antwort auf seine rätselhaften Sätze?
Sie kichert.
Kippt zur Seite.
Obwohl sie bald vier Jahre alt wird,
kann sie noch immer nicht richtig stabil sitzen.
Er redet ungestört weiter,
ist sich wohl solche „Fälle" gewohnt.
Ich versuche zu begreifen,
was er uns grad mitteilt.
Sehe aber nur seine blauen Augen.
„Wie kann man so blaue Augen haben?",
frage ich mich immer wieder,
während ich ihn anstarre.
Und plötzlich höre ich ihn sagen:
„Aus dem Gentest geht klar hervor:
Ihre Tochter
hat das Angelman-Syndrom."
Und ich schaue Roman an
und beginne
zu weinen.

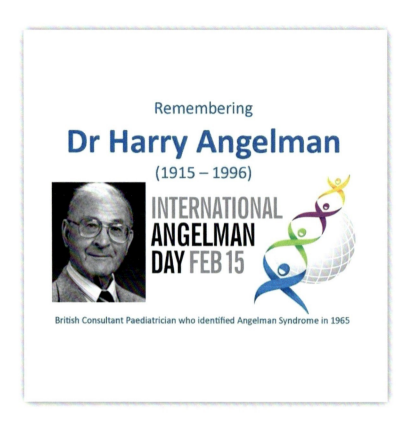

7 – Das Angelman-Syndrom

Wenn der Name
nichts mit „Engel" zu tun hat
und doch
passt

Das Angelman-Syndrom ist die Folge einer seltenen Genbesonderheit auf dem Chromosom 15. Charakteristisch sind eine starke Verzögerung der körperlichen und geistigen Entwicklung und das Ausbleiben der Sprache.

Betroffene mit dem Angelman-Syndrom bedürfen auch als Jugendliche oder Erwachsene ständiger Betreuung, weil sie sich nicht selbst versorgen und Gefahren nicht erkennen können. Sie sind oft hyperaktiv und haben Mühe sich zu konzentrieren. Die geistige Entwicklung der meisten Betroffenen erreicht in etwa den Stand von Kleinkindern.

Drei von vier Angelman-Kindern leiden unter epileptischen Anfällen. Unbehandelt bergen diese ein ständiges Verletzungsrisiko, da sie beispielsweise mitten aus der Bewegung heraus zu Stürzen führen.

Menschen mit dem Angelman-Syndrom haben eine normale Lebenserwartung. Eine Aussicht auf Heilung besteht bislang nicht. Durch ihr überdurchschnittlich häufiges Lachen wirken Angelman-Kinder sehr fröhlich.

Der britische Kinderarzt Harry Angelman (1915-1996) mit dem Fachgebiet Neurologie beschrieb im Jahr 1965 das später nach ihm benannte Syndrom erstmals unter wissenschaftlichen Gesichtspunkten.

Er nannte es aufgrund des auffälligen Bewegungsmusters und des häufigen Lachens der Kinder, die er damals betreute, Happy-Puppet-Syndrom (engl.: happy = glücklich + puppet = Puppe). Dieser Name wird heute nicht mehr gebraucht.

Häufigkeit des Auftretens:

Sowohl Jungen als auch Mädchen können mit dem Angelman-Syndrom geboren werden. Die Besonderheit tritt mit einer durchschnittlichen Häufigkeit von 1:15'000 bis 1:20'000 auf, wobei davon auszugehen ist, dass das Angelman-Syndrom vielfach nicht als solches diagnostiziert wird, sondern beispielsweise als Autismus und/oder als Cerebral Parese.

Häufige Symptome:

Mit der Zeit sind vielfältige Merkmale aufgezeichnet worden, die häufig bei Menschen mit Angelman-Syndrom vorkommen. Nicht alle Betroffenen weisen alle Merkmale auf und auch nicht in gleich starker Ausprägung:

- häufiges, manchmal objektiv unbegründetes Lächeln und Lachen, zum Teil regelrechte Lachanfälle
- oft bei Aufregung flattern mit den Händen, meist ein Zeichen starker Freude oder Reizüberflutung (Überforderung mit der Situation)
- kognitive Behinderung
- Hyperaktivität
- Konzentrationsschwierigkeiten, häufig kurze Aufmerksamkeitsspanne, aber oftmals gutes Gedächtnis für Gesichter und Richtungen, gute räumliche Orientierung
- im Kleinkindalter keine Sprechversuche, kein Brabbeln, später nur sehr eingeschränkte oder gar keine lautsprachliche Artikulation (expressive Sprache)
- Fähigkeit zum Erlernen alternativer Kommunikationsfähigkeiten, z.B. unterstützte Kommunikation mit einem Talker, einfachen Handzeichen, Bildkommunikation
- gute rezeptive Sprache (Sprachverständnis)
- überdurchschnittlich lange Dauer der oralen Phase (Erkundung der Umwelt mit dem Mund)
- Bewegungs- und Gleichgewichtsstörungen, Ataxie (meist eher steifer, ungelenker, schwankender, breitbeiniger Gang, ruckartige, abgehackte (Lauf-)Bewegungen, eines von zehn Kindern lernt nicht laufen)
- Verzögerung der motorischen Entwicklung (dadurch auch z. B. vergleichsweise spätes Laufen lernen)
- Wahrnehmungsstörungen im körperlichen Bereich (oft zum Beispiel Gleichgewichtsprobleme)
- oft übermäßige Mund- und Kaubewegungen aufgrund von ungenügender Kontrolle der Mundmuskulatur

- Schlafstörungen durch einen Mangel an mindestens einem der Hormone, die den gesunden Schlaf steuern
- vergleichsweise kleiner Kopf (Mikrozephalie), der oft an der Hinterseite abgeflacht ist
- ungewöhnliches Hervorstrecken der Zunge
- Epilepsie mit Beginn meist zwischen dem 3. und 36. Monat nach der Geburt
- Besonderheiten im EEG, auch unabhängig von Epilepsie und auch im Schlaf nachweisbar
- Wachstumsstörungen
- häufig Wirbelsäulenverkrümmung (Skoliose) in der Pubertät
- kleine Hände und Füsse, nach aussen gedrehte Füsse
- häufig sehr schwach pigmentierte Haut, helles Haar und blaue Augen
- grosser Mund mit hervorstehendem Oberkiefer
- vergleichsweise kleine Zähne, die oft recht weit auseinander stehen
- übermässiger Speichelfluss
- Schielen (Strabismus)
- übermässiges Schwitzen, besondere Hitzeempfindlichkeit

Menschen mit Angelman-Syndrom fallen oft durch eine intensive Suche nach Körperkontakt auf. Sie haben meist viel Sinn für Humor, sind häufig sehr sozial, freundlich und sie lachen sehr viel, wenngleich manchmal objektiv grundlos und oft bei Aufregung.

Hyperaktivität ist ein auffälliges Merkmal des Syndroms. Insbesondere im Kindesalter (oft aber auch darüber hinaus) sind zum Teil extreme Schlafstörungen häufig. Diese werden durch einen Hormonmangel verursacht und sind nicht pädagogisch zu regulieren.

Viele Kinder mit Angelman-Syndrom müssen nachts fixiert werden, z. B. mittels eines Schulter-Bauch-Gurtes oder einer Zewi-Decke, damit sie überhaupt etwas zur Ruhe kommen.

Trotz des Unvermögens regelgerechtes Sprechen zu lernen, sind Menschen mit dem Angelman-Syndrom meist fähig, einfache, teils sehr subjektiv gehaltene Gebärden zu erlernen, Bilder zur Kommunikation zu verwenden oder Gesten zur Verständigung einzusetzen.

Menschen mit dem Angelman-Syndrom bleiben lebenslang auf die Hilfe anderer angewiesen.

Sie sind in unterschiedlichem, aber meist sehr begrenztem Masse intellektuell bildungsfähig, benötigen meist spezielle Hilfen und vor allem dauerhaft personelle Unterstützung beim Lernen und bei der lebenspraktischen Bewältigung des Alltags.

Viele Menschen mit Angelman-Syndrom haben eine besondere Vorliebe für Wasser. Sie gehen gerne schwimmen, spielen gern mit Wasser und sind fasziniert durch Spiegelungen auf Wasser- oder z. B. auch auf Glasflächen. Auch Plastik, insbesondere stark knisterndes Material wie etwa Plastiktüten oder Verpackungen, üben auf die meisten eine starke Faszination aus.

Oft betrachten Menschen mit Angelman-Syndrom sehr gerne Bilder von sich selbst und nahen Bezugspersonen.

Weitere Informationen zum Angelman-Syndrom
und den deutschsprachigen Vereinen
findet man unter folgenden Links:
Angelman Verein Deutschland - www.angelman.de
Angelman Verein Österreich – www.angelman.at
Angelman Verein Schweiz - www.angelman.ch

Quellen/Fotocollage:
Angelman e.V., Internationale Angelman Vereinigungen, Wikipedia

8 – Damals

Wenn ein Bild von damals
heute mehr sagt,
als wir früher
sehen wollten

Damals

hiess es noch:

„Entwicklungsverzögert".

Damals

galt sie noch als langsam.

Damals

waren wir überzeugt,

dass sie bald sprechen lernt.

Damals war der Unterschied zwar da,

aber schien noch in greifbarer Nähe.

Damals

waren wir noch voller Hoffnung.

Damals

waren wir übermüdet

und dachten

wir hätten einfach

ein Schreikind.

Damals

war unser Herz

noch unverletzt.

Und heute?

Würde ich wohl schon

auf dem Bild von damals

bemerken,

dass alles anders ist.

Geblieben aber

ist die Liebe.

Damals

wie

heute.

9 - Warum?

Wenn eine Frage sinnlos ist
und ich sie mir
trotzdem
stelle

Es gibt keine Antwort
auf das „Warum".
Ich weiss.
Und trotzdem
stelle ich mir
diese Frage.
Zwar nicht mehr so oft
wie am Anfang,
aber noch immer
gibt es Tage,
an denen ich
hadere.
Mich frage,
wieso Julia nicht
so sein darf
wie andere
Kinder.
Denn,
es gibt einfach
keinen
einzigen
Grund.
Warum?

10 – An unserer Seite

Wenn Nonna und Grosspapi
unendlich wertvolle
Wegbegleiter
sind

Ihr wart da - seid da.
Von Anfang an,
begleitend an unserer Seite.
Gemeinsam als Team.
Mein Mami,
mein Papi.
Julias Nonna,
Julias Grosspapi.
Ihr schafft uns Freiräume.
Übernehmt Julia in den Ferien.
Damit wir schlafen können.
Nonna
steht in der Nacht auf.
Grosspapi
übernimmt den Morgen.
Abwechselnd.
Gemeinsam.
Im Wissen,
dass es uns so viel bringt.
Ohne Wenn und Aber
seid ihr da.
Teilt euch
die anspruchsvolle und intensive Betreuung.
So unendlich wertvoll.
Was ihr macht.
Was ihr tut.
Was ihr teilt.
Und immer wieder höre ich,
dass es nicht nur ein Geben ist.
Dass sie euch auch so viel schenkt.
Dass sie euch Vieles lernt.
Wichtiges von Unwichtigem unterscheiden lässt.
Eine grosse Bereicherung ist für euer Leben.
Ganz tief berührt das mein Herz.

Andere haben nicht so viel Glück,

weil die Menschen sich abwenden.

Sie damit nicht klarkommen.

Ein Kind mit einer Behinderung passt nicht.

Oder sie sind einfach überfordert.

Oder da sind noch so viele andere Pläne,

die wichtiger sind.

Und ihr?

Ihr seid da.

Für uns als Familie.

Für sie als Enkelin.

Für Julias Heldenbruder.

Für uns als Paar.

Für mich als Tochter.

Stützend.

Zu jeder Tages- und Nachtzeit.

Wir weinen zusammen

und freuen uns

an den Fortschritten.

Und ihr übernehmt,

wenn wir nicht mehr können.

Genau wissend, wie streng es ist.

Der Alltag mit unserem Sturmkind.

So war es von Anfang an.

Ohne euch

wären wir nicht da,

wo wir heute sind.

Ihr seid einfach wundervoll.

Seit dem ersten Tag

begleitend

an unserer

Seite.

11 – Geschwisterzeit

Wenn der Bruder
Berge versetzt

Heute ist Entlastungstag.
Julias Betreuerin Aline
übernimmt ab dem Mittag
das Steuer.
Sie unterstützt uns
als ein wichtiges Mitglied
in unserem „Team-Julia"
an schulfreien Tagen.
Yanis kommt zu mir und sagt:
„Mami,
ich hole d Aline
vo de Bushaltestelle ab."
„Guäti Idee,
da wird sie sich sicher
sehr freue",
antworte ich unserem
damals achtjährigen Sohn.
Yanis holt Julias Schuhe
und ihre Jacke.
Hilft ihr in den Rollstuhl.
Ich sehe ihn erstaunt an und frage:
„Ah, du gohsch nöd allei?"
Und er antwortet:
„Nei, sicher nöd.
Ich nime d'Julia mit."
Er sieht seine Schwester an.
Der Blick
voller Liebe
und sagt zu ihr:
„Oder Julia, du wotsch au mitcho?"
Julia
blickt zu ihrem Bruder.
Kichert.
Lässt sich von ihm

die Jacke und die Schuhe anziehen.

Für einmal

fast ohne Gegenwehr.

Wartet geduldig,

bis er ihre Schuhe gebunden hat.

Ihre Augen

leuchten vor Glück.

Sie zieht Yanis zu sich

und kommentiert

die etwas abrupte Geste

liebevoll mit:

„äää-äää."

„Das heisst bestimmt:

Ich ha di gärn!",

meint Yanis,

und auch er strahlt.

Und ich schaue

meinen Kindern hinterher.

Yanis schiebt

den Rollstuhl

vor sich her.

Julia strampelt vor Freude mit den Beinen,

ihre Arme flattern.

Tränen

füllen meine Augen,

und ich bin einfach

riesig stolz

auf beide.

12 – An Tagen wie diesen

Wenn ich mich eigentlich
über den Fortschritt
freuen
sollte

Wenn Julia

aufgrund der Schulferien 24 Stunden zu Hause ist

und nichts als Unsinn im Kopf hat…

Wenn ich den ganzen Tag zu nichts komme,

sie immer wieder Unfug anstellt…

Wenn Julia dann in einer unbeaufsichtigten Minute

die eine Sekunde nutzt,

in der ich

die online bestellten

und soeben gelieferten Einkäufe

in die Küche rette,

damit sie die Banane vor Freude nicht gleich mit Schale isst,

oder den Salat aus der Plastikverpackung reisst,

weil sie so auf Knistern steht…

Sie genau in diesem Augenblick,

das erste Mal

den Drehverschluss des 5-Liter-Flüssigwaschmittels aufbringt

und ich mich eigentlich darüber freuen sollte,

dass sie wieder etwas Neues kann…

Denn Drehverschlüsse öffnen

übt sie seit Jahren in der Ergotherapie…

Ich im gleichen Moment

aber das iPad

in der dickflüssigen Sauce schwimmen sehe

und hoffe,

die mit „wasserdicht" angepriesene,

schweineteure Schutzhülle

nun wenigstens hält,

was sie verspricht…

Ich dann

das ganze Ausmass sehe.

Versuche aufzuwischen.

Gleichzeitig Julia vom Herumtapsen abhalten muss.

Alles schäumt und glitscht.

Julia kichert und jauchzt.

Ich nicht weiss,

ob ich lachen oder weinen soll.

Ich sicher bin,

dass es noch Tage später

nach Waschmittel riechen wird.

Yanis hereinplatzt und völlig verstört

über mein nicht übliches,

lautstarkes Fluchen

sich gleich wieder aufs Trampolin verzieht.

Ich meinen Vater rufe,

damit er Julia aus der Situation nimmt.

Weil ich nicht weiss,

wo ich anfangen soll.

Mir die Tränen runterlaufen.

Vor Wut.

Vor Verzweiflung.

Vor der Erkenntnis,

wie schwer Julia behindert ist.

Dann

wird mir gerade mal wieder so richtig bewusst,

dass es eben nicht besser wird.

Sondern immer anstrengender.

Es nie aufhört.

Lebenslang.

An Tagen wie diesen,

hasse ich dieses Scheiss-Angelman-Syndrom.

Frage mich,

woher ich bloss

die Kraft nehme,

seit mehr

als acht langen Jahren,

tagtäglich

diese Belastung

zu ertragen.

Ich aber

gleichzeitig genau weiss,

dass grübeln

eh nichts nützt.

Stattdessen

putze ich still und traurig

in mühsamer Kauerposition

die klebrige Masse

vom Boden auf.

Und hoffe im Stillen,

dass morgen

nicht wieder

ein Tag ist

wie dieser.

13 - Neun sind ok

Wenn der Besuch
vor Schreck
erstarrt

Geistig im Kleinkindalter hängengeblieben
ist Julia
noch immer
in der Entwicklungsphase
eines etwa 18-monatigen Babys.
Seit Jahren sind wir mit ihr
in diesem Abschnitt gefangen.
Ihr Körper entwickelt sich normal.
Sie wird kräftiger.
Stärker.
Eigenwilliger.
Ihr Spielverhalten aber
kommt einfach nicht
zum nächsten Schritt.
Seit Jahren liebt sie alles,
was rund ist.
Schon zig Kugelbahnen
hat sie auf ihre „Angel-tauglichkeit" getestet.
Die meisten davon
galten schnell als unbrauchbar,
da sie den ausgesetzten Kräften
nicht standhielten.
Wenn wir gefragt werden,
womit Julia
nebst ihrem heissgeliebten iPad
am liebsten spielt,
dann antworten alle im Chor:
„Murmeln".
Ausnahmslos.
Trotzdem wäre diese Antwort zu einfach.
Denn:
Die kleinen hölzernen
zerbeisst sie.
Die grossen aus Keramik

verschluckt sie.

Die metallenen

klacken auf dem Boden

und wecken bei Julias nächtlichen Wachphasen

den Rest der Familie.

Die grossen aus Holz

hinterlassen trotz garantierter Farbechtheit

ihre Spuren an den Wänden.

Die klitzekleinen

verschwinden beinahe im Minutentakt

in ihrem Rachen.

Die Lösung:

Kleine Glasmurmeln.

Schön bunt und farbig,

damit Julia sie auch unter dem Sofa

und hinter den Stühlen

jederzeit hervorschimmern sieht.

Damit kann sie sich lange beschäftigen.

Füllt die Kugeln in Behälter.

Leert sie um.

Wühlt im Kirschsteinbecken nach ihnen.

Sammelt alle in durchsichtige Säckchen ein,

um sie dann Sekunden später

wieder auszukippen,

um erneut von vorne zu beginnen.

Und zum Schreck aller Leute,

welche uns zu Hause besuchen

und Julia zum ersten Mal sehen,

hat sie auch immer

zig Murmeln im Mund.

Gehortet.

In der Backe.

Wie ein Hamster.

Und sie lässt sie

auf Kommando
rauskullern.
In unsere offene Hand.
Neun Stück sind ihr Rekord.
Ohne sie zu verschlucken.
Also meistens.
Und wenn,
dann kommen sie
auf natürlichem Weg
wieder raus.
Irgendwann
wird man pragmatisch.
Neun sind ok.
Bei mehr als zehn
werde auch ich
ein wenig
nervös.

14 – Schulbesuchstag

Wenn
gemischte Gefühle
einen Morgen
bestimmen

Schulbesuchstag.
Schon die Einladung
löst gemischte Gefühle aus.
Ein Tag,
an dem mir jedes Mal
wieder so richtig bewusst wird,
wie es sein könnte.
Julia wäre
jetzt in der 3. Klasse.
Ihr geistiger Entwicklungsstand aber
hat den Durchschnitt
eines etwa 18-monatigen Kindes.
In einigen Entwicklungsstufen
ist sie etwas weiter,
in anderen
deutlich drunter.
Der Unterschied
zu einem gleichaltrigen Kind
ist aber einfach riesig.
Die Beeinträchtigungen
innerhalb ihrer Klasse
der heilpädagogischen Schule
sind verschiedenster Art.
Doch ist es Tatsache,
dass unsere Julia
auch in dieser kleinen Gruppe
wohl beinahe
am meisten Hilfe braucht.
Ständige 1:1 Betreuung
dank einem
unendlich wertvollen Betreuungsschlüssel.
Ich weiss,
wir können dankbar dafür sein.
Das sind wir auch.

Ganz fest.

Aber weh

macht es trotzdem.

Sie freut sich,

als sie mich sieht.

Jauchzt.

Flattert mit den Armen.

Umarmt mich.

Ich lächle.

Setze mich neben sie und schaue gespannt zu.

Dass Julia kein Wort sprechen kann,

mal wieder eines der augenfälligsten Merkmale.

Kein Nicken,

kein Kopfschütteln.

Es muss anders gehen.

Und das tut es auch.

Irgendwie.

Dank den endlos geduldigen

Heilpädagoginnen und Betreuerinnen,

die ihre Arbeit

mit viel Herzblut und Engagement ausüben.

Das Tempo

entschleunigt.

Der Umgang

liebevoll.

Die Kinder untereinander

hilfsbereit.

Und trotzdem ist er da,

der Kloss im Hals,

als ich nach 45 Minuten

die Treppen zum Klassenzimmer des Bruders

hochgehe

und die Türe öffne.

Auch er hat Besuchstag.

Die Tränen drücken.

Ich atme tief durch beim Eintreten.

Suche seinen Blick

und sehe ihm an,

dass er sich freut

mich zu sehen.

Es braucht keine Worte

um das zu verstehen.

Und ich lächle,

denn ich fühle

die Gemeinsamkeit.

Beide meiner Kinder strahlen,

dass ich vorbeikomme.

Am Besuchstag.

Und sie zeigen es.

Auf ihre Art.

Der grosse Unterschied

wird für einen Moment

ganz klein.

15 – Das schönste Schäfli der Welt

Wenn die Alternative
zum Jesuskind
das Schaf
ist

Da sitzt du.

Mein Engel.

Im heutigen Weihnachtstheater

deiner Schule.

Du bist ein Teil der Klasse,

ein Teil des Stücks.

Ich bin berührt.

Emotional.

Aufgewühlt.

Yanis erklärte im Vorfeld:

„D`Julia spillt sichert s`Jesuskind,

das muess ja ned chönne rede."

Wir staunten über diese Logik.

Aber entgegen seinen Vermutungen

war deine Rolle eine andere.

Du bist ein Schäfli.

Ich bin sicher,

das schönste Schäfli,

dass es überhaupt

jemals

in einem Weihnachtsspiel

gegeben hat.

Du schaust herum

und strahlst

wenn die anderen Kinder

singen.

Du liebst ihren Gesang

und die Musik

und lächelst.

Die vertrauten Stimmen der Betreuerinnen

beruhigen dich,

denn die Eindrücke sind riesig.

Die Lichter,

das Verkleiden,

die vielen Eltern und Geschwister.
Aber du machst es so gut.
Das Angelman-Syndrom
rückt
für einen Moment
in den Hintergrund.
Du sitzt da,
scheinst
glücklich.
Bist du es?
Ich glaube schon.
Hoffe es.
Und dann wird mein Herz schwer.
Denn das sind genau die Momente,
in denen mir bewusst wird,
wie sehr du anders bist.
Wie sehr du
in deiner Welt lebst,
die ich immer und immer wieder
versuche zu verstehen.
Zu enträtseln.
Was mir oft gelingt,
aber nicht immer.
Und die Tränen,
sie fliessen,
denn es sollte einfach nicht so sein.
Du solltest sprechen können.
Dich ausdrücken dürfen
wie andere fast 9-jährige Mädchen.
Verstanden werden.
Ich betrachte das Bild,
welches so viel Liebe
und Wärme ausstrahlt.
Und lächle.

Denn du tust es auch.
Trockne meine Tränen
und hoffe einfach,
dass es gut ist
für dich.
In deiner Welt.
„Ich liebe dich mein Schäfli."
„Bis zum Mond und wieder zurück."

16 – Der verdammte Tunnel

Wenn das Ausmass
der Hilflosigkeit
deutlicher
nicht sein kann

Genau so fühlt es sich grad an.
Wie ein verdammter Tunnel.
Schwarz und endlos.
Ich sitze hier und weine.
Und wenn ich jetzt nicht schreibe,
dann platze ich.
Vor Trauer.
Vor Mitgefühl.
Vor Liebe zu meinem Kind.
Sie hat mich gerufen:
„Ä",
„Ä",
„Ä!"
Verzweifelt.
Verstört.
Mit einem Blick,
der tiefer geht als alles andere,
hat sie mich angesehen.
Verwirrt.
Kein Wunder.
Sie ist
komplett eingestuhlt.
Ich bin fassungslos
über das Ausmass.
Unendlich traurig
über ihre Hilflosigkeit.
Könnte nur noch schreien:
„Dieses Scheiss-Angelman-Syndrom!"
In wahrstem Sinne des Wortes.
Hinten hoch bis zum Nacken.
Die langen Haare,
der Rücken,
das Bett,
das Pyjama,

das Bettzeug,

die Zewidecke.

Einfach alles.

Ich habe sie da rausgeholt.

Irgendwie.

Bin an diesem Abend

alleine mit den Kindern.

Julia jammert.

Ich trage sie mit ihren gut 30 Kilos ins Bad.

Selber werde ich

komplett

voll.

Ihr Bruder steht daneben.

Hilflos.

Traurig.

Stumm.

Voller Erbarmen.

Er schaut mich an.

Und ich probiere

nicht zu weinen.

Vor ihm.

Weiss nicht,

wie ich diese Situation

bewältigen soll.

Er muss helfen.

Auch wenn ich es vermeiden möchte.

Aber ich schaffe es nicht alleine.

Wir müssen sie baden.

Zu zweit.

Sie wehrt sich so.

Wie es nur eine Neunjährige kann,

die nicht will.

Irgendwie schaffen wir es.

Können sie beruhigen.

Waschen sie.
Wickeln sie ein in Badetücher,
um sie zu wärmen,
bevor die Kälte
einen Epi-Anfall auslöst.
Scheisse!
Scheisse!
Scheisse!
Was ist das nur für ein Weg?
Sie tut mir so leid.
Und er auch.
Kein Geschwister
sollte dies mitansehen müssen.
Meine Gefühle laufen über.
Hoffnungslosigkeit übermannt mich.
Als ich sie
endlich im Bett habe
und sie vor Erschöpfung seufzt
und wir ihr ein Küssli geben
und sie zudecken
und ich dann
unseren Sohn ins Zimmer begleite,
umarmen wir uns ganz still.
Lange.
Ohne
ein Wort
zu sprechen.
Weil wir gerade beide
kein Licht gesehen haben
am Ende dieses verdammten
Tunnels.

17 – Probieren statt studieren

Wenn wir
wagen,
können wir nur
gewinnen

Dann,

wenn wir es wagen,

einen für andere

ganz normalen Ausflug zu machen.

Eine kurze Wanderung

und danach bräteln mit Freunden.

Und wir an so vieles denken müssen

beim Packen.

Und uns so viele Gedanken machen,

ob alles klappt.

Sie sich nicht am Feuer verbrennt,

weil wir eine Sekunde nicht schauen.

Julia anderen Leuten den Chips-Sack klaut,

weil sie alles,

was knistert mag.

Sie hyperaktiv

die ganze Zeit rumrennt

und „ä" ruft

und „ä" ruft

und „ä" ruft.

Sie uns fordern wird

und unsere Geduld ausreizt.

Einen epileptischen Anfall macht.

Wir es geniessen können,

obwohl wir den geschützten Rahmen verlassen.

Ihr alles zuviel sein wird.

Es nur Stress ist.

Wenn wir es dann

trotz all diesen Gedanken

wagen.

Und es dann gut geht.

Sogar sehr gut.

Weil alles passt.

Und Julia es einfach ganz toll macht.

Und alle anderen

um sie herum auch.

Dann sind wir einfach unendlich glücklich,

dass wir es gewagt haben.

Und es geniessen konnten.

Alle vier zusammen.

Jeder auf seine Weise.

Und doch

gemeinsam.

Einer der wenigen Augenblicke,

in denen alles gut ist.

Aber das war einer.

Wir haben ihn

bemerkt.

Er war

unendlich

schön.

18 – Verbindungen fürs Leben

Wenn aus Schicksal
Freundschaft
wird

Freundschaften
beginnen mit Begegnungen.
Irgendwo.
Irgendwann.
Diagnosen verbinden.
Vertrauen und Zuneigung wachsen.
Verstanden werden
fühlt sich gut an.
Gibt Kraft,
wenn schlaflose Nächte
die letzte Energie rauben.
Lachen
schweisst zusammen.
Weinen
noch mehr.
Dank den Mädels
haben sich
unsere Lebenswege
gekreuzt.
Das Angelman-Syndrom
war die erste Gemeinsamkeit.
Mittlerweile sehen wir uns
trotz Distanz
so oft es geht.
Haben aus dem Schicksal
dieser Diagnose
etwas Wundervolles erschaffen.
Führen gemeinsam
in einem einzigartigen Team
den Angelman Verein Schweiz.
Die Sonne
hat sich vor die Wolken
geschoben.
Strahlt.

Wärmt.

Wenn aus Schicksal

eine tiefe Freundschaft wird.

Unendlich wertvoll!

Vielleicht

ist das die Antwort

auf das

Warum.

19 - Feierabend

Wenn der nordische Krimi
einmal mehr
warten
muss

Sitzen.

Endlich.

Die Beine soeben

auf dem Sofahocker ausgestreckt.

Ich bin geschafft.

„Feierabend",

denke ich.

Das Glas Wein steht auf dem Beistelltisch,

die Füsse sind in der Wolldecke eingepackt

und ich freue mich auf den nordischen Krimi,

den ich im Fernsehen aufgenommen habe.

Zeit für mich.

Vermeintlich.

Wie so oft.

Julia weint.

Ich schleppe mich die Treppen hoch.

Julchen steht auf wackligen Beinen in ihrem Bett.

Jammert herzzerreissend.

Kullertränen laufen ihr über die Wangen.

Ihr sonst wunderschönes Gesicht

ist verzerrt.

Die Zewidecke wie ein Zirkuszelt über der Matratze gespannt,

steht Julia an den hohen Gitterstäben ihres Pflegebettes

und schreit.

So laut wie es nur 9-jährige können.

Nicht wie ein Baby.

Sondern wie ein grosses Kind.

Eines,

welches nicht sprechen kann.

Und darum eine seiner wenigen Möglichkeiten nutzt,

sich bemerkbar zu machen.

Zu schreien.

Ganz laut.

Es dringt durch alle Fasern meines Körpers.

Sie muss grosse Schmerzen haben.

Mal wieder.

Koliken.

Wir kennen diese Art des Weinens.

Haben sogar einen eigenen Namen dafür.

Wir nennen es: „Buuchweh-Brüele".

Das eigene Kind leiden zu sehen

ist furchtbar.

Der Grund des Übels?

Julia schlingt ihr Essen runter

wenn sie versucht, alleine zu essen.

Und kaut es kaum.

Daher hat sie viel Luft im Bauch

und kann die Brocken nicht oder nur schlecht verdauen.

Meistens geht das gut

mit all den Mittelchen,

welche wir ihr geben zur Erleichterung.

Oder wenn sie zulässt,

dass wir sie

wie ein Kleinkind

„füttern" können.

Aber eben nicht immer klappts

ohne diesem verfluchten Bauchweh.

Ich nehme sie aus ihrem Pflegebett

und stütze sie auf dem Weg ins Bad.

Sie kann kaum stehen.

Immer wieder knickt sie ein.

Sie tut mir unendlich leid.

Und ich weiss:

„Da müssen wir durch."

Ein weiteres Mal.

In etwa 45 Minuten wird es überstanden sein.

Aber dieses Wissen hilft im Moment rein gar nichts.

Sie schaut mich Hilfe suchend an.

Versteht nicht, was mit ihr passiert.
Wie auch?
Nicht annährend
kann sie nachvollziehen,
was in ihrem Körper vor sich geht.
Erklären nützt da wenig.
Denn sie ist geistig auf dem Stande eines etwa 18-monatigen Kindes.
Ihre Augen wirken panisch.
Voller Angst.
Verzweifelt.
Ich massiere ihren Bauch.
Sie zieht mich an sich.
Schubst mich wieder weg.
Sie reisst an meinen Haaren,
umklammert meine Arme,
kneift mich,
bis sich die Krämpfe
endlich
wieder lösen,
um nur kurze Zeit später
erneut wiederzukommen.
Sie weint und weint.
Nur unterbrochen
von verständnislosen Schluchzern.
Ihr fragender Blick.
Ihre verquollenen Lider.
Ihre stummen Schreie.
Ich versuche
sie weiter zu trösten.
Und plötzlich
steht ihr Bruder neben ihr
und redet beruhigend
auf sie ein:
„Gli, gli hesches überstande!"

„Du Tapferi!"

Und auch der Papa kommt ins Bad

und lässt sich ebenfalls umarmen

und wieder wegschubsen.

Hinziehen und wegstossen.

Bis die beiden wieder gehen dürfen.

Und Julia völlig entkräftet in meine Arme sinkt.

Und ich merke,

dass es vorbei ist.

Überstanden.

Zurück im Bett,

seufzt sie leise.

Energielos.

Ich decke sie zu.

Sie stösst mich weg.

Ihr Zeichen

mir zu sagen:

„Du kannst jetzt gehen."

„Es ist gut."

Ich schleiche

aus dem Zimmer.

„Hab ich nun

Feierabend?"

20 - Vergleichen

Wenn der Unterschied
riesig
ist

Beinahe zehn Jahre alt
und doch ein Kleinkind.
Statt selber Kleider aussuchen,
sich anziehen lassen.
Statt zur Schule gehen,
im Rollstuhl ins Tixi eingeladen werden.
Statt reden,
unverständlich lautieren.
Statt diskutieren,
weinen.
Statt Freundinnen treffen,
Therapien.
Statt streiten,
auf Hilfe angewiesen sein.
Statt sich mitteilen können,
hoffen,
verstanden zu werden.
Statt selber vom Tag erzählen,
Fotos sprechen lassen.
Statt sich über Geschenke freuen,
die Verpackung interessanter finden.
Statt tanzen,
Musik hören.
Statt Regeln brechen,
kichern.
Statt nörgeln und motzen,
lachen.
Statt sich Sorgen machen,
LEBEN!
Beinahe zehn Jahre alt
aber in ihren Fertigkeiten nur ein paar Monate.
Und trotzdem,
können wir so viel von ihr lernen.
Tagtäglich.

21 – Eine Sekunde Normalität

Wenn ich
dieses Bild betrachte,
möchte ich
aus dem Albtraum
erwachen

Wenn ich dieses Bild betrachte,
wünschte ich mir so sehr,
dass ich erwache.
Aus diesem
andauernden Ausnahmezustand.
7x24 Stunden,
jeden Tag,
jede Nacht.
Pflege und Betreuung unseres geliebten Kindes.
Körperlich bärenstark und gross,
geistig im Trotzalter ohne Einsicht
oder Lerneffekt in Bezug auf Gefahrensituationen.
Ihr ganzes Leben lang
auf Hilfe angewiesen
und dies alles,
ohne sich lautsprachlich ausdrücken zu können.
Ein Familienleben
oft am Rande der Erschöpfung,
durchgeplant und strukturiert.
Voller Kompromisse und Verzichte
und doch
gefüllt mit ganz viel Liebe.
Hoffe zu erwachen
aus diesem Traum,
unserem Alltag.
Eine Momentaufnahme,
welche eine Sekunde einfängt
und unsere Julia aussehen lässt,
wie ein ganz normales junges Mädchen
im Kreis ihrer Freundinnen.
Und das Herz schmerzt,
denn ich weiss,
dass ich nicht erwachen werde.
Ich betrachte das Foto,

tief berührt.
Bin dankbar
für diese Sekunde
der Normalität.
Mein geliebtes Kind.
Du bist einfach
wunderschön.

22 - Farbig statt schwarz

Wenn ich versuche
das Positive
überwiegen
zu lassen

Der Lebensfreude
mehr Gewicht geben
als der Angst
vor der Epilepsie.
Dem Lächeln
mehr Gewicht geben
als den Tränen.
Den schönen Momenten
mehr Gewicht geben
als den schwierigen.
Das Leben
bunter machen
als es ist.
Zufriedener sein
anstatt schwermütig.
Glücklicher anstatt traurig.
Fröhlicher anstatt nachdenklich.
Versuchen,
das Leben
mit dir
jede Minute
zu geniessen.
Dankbar zu sein,
wenn es wieder bergauf geht.
Das lernen wir
von dir.
Tagtäglich.
Dem Gewicht geben,
was positiv ist,
denn Negatives
gibt es schon
genug.

23 – Die sprühende Lebensfreude

Wenn ihre Cleverness
grösser ist
als ich ihr
zutraue

Es läutet an der Tür.

Einmal.

Zweimal.

Ich denke: „Post?

Eigenartig, um diese Zeit!"

Das Abendessen wird in wenigen Minuten bereit sein.

Der Duft des frischen Basilikums

und der Tomaten aus dem Garten

erfüllen den Raum.

„Ok, kurz zur Tür liegt drin",

denke ich mir,

während ich einen letzten Blick zurückwerfe.

Kontrollierend,

dass nichts herumsteht,

was Julia während meiner kurzen Abwesenheit

herunterreissen könnte.

Ich schliesse das Küchengitter.

Eine zusätzliche Vorsichtsmassnahme,

um Julia vor den heissen Töpfen

zu schützen.

Es klingelt erneut.

Ungeduldig diesmal.

Fordernd.

Immer und immer wieder.

„Komme ja schon!",

rufe ich etwas gestresst

und öffne die Tür.

Und da?

Steht Julia!

Mit dem Gartenschlauch,

aus dem volle Pulle Wasser spritzt,

füllt sie an mir vorbei zielend,

laut kichernd,

den Eingangsbereich.

Die tropfende Aussenwand
und der aufgeschwemmte Teppich lassen erahnen,
dass sie seit dem ersten Klingeln
mit dem Schlauch in der Hand
geduldig vor der Tür stand
und wartete.
Sie drängt sich an mir vorbei ins Haus,
den Wasserschlauch
wie eine Trophäe hochhaltend.
In letzter Sekunde kann ich sie davon abhalten,
auch noch das Wohnzimmer
in ein Schwimmbad zu verwandeln.
Ich drehe zügig den Aussenhahn zu
und trage Julia
zurück auf den Vorplatz.
Tja …
Da war wohl einmal mehr
Julias Cleverness grösser
als all unsere Sicherheitsmassnahmen.
Die versehentlich offen gelassene Terrassentür
registrierte sie sofort
und nutzte ihre Chance um auszubüchsen.
Das Plätschern
des Gartenschlauchs
unter der Hecke
zog sie in diesem unbeobachteten Moment
zusätzlich an
wie ein Magnet.
Und ich?
Machte mir Sorgen
um die Pfannen in der Küche.

24 – Glücksmomente

Wenn Julia uns lehrt,
was wirklich
wichtig ist

Durch Julia haben wir gelernt,

was wirklich wichtig ist im Leben.

Die Liebe.

Zeit mit Freunden und der Familie.

Die unbeschwerten Augenblicke.

Zum Beispiel,

wenn Julchen unter dem Regenschirm kichert,

weil sie die Tropfgeräusche lustig findet.

Sie vor Freude

mit ihren Armen wedelt und jauchzt,

wenn sie ihren Bruder heimkommen hört.

Wenn sie uns fest umarmt

und so ausdrückt:

„Ich ha dich gärn."

Werte ändern sich durch ein Kind mit einer Behinderung.

Alles wird intensiver.

Die Trauer

und das Glück.

Umso mehr erfüllen uns die Zeiten,

in denen unser Lebenssturm nicht wütet,

sondern unser Schiff nur mit leichtem Wind dahinsegelt.

Diese Momente geben Energie

für die hohen Wellen auf offener See.

Jeden guten Tag geniessen.

Tief durchatmen.

Lachen.

Kraft tanken.

Nicht zuviel hinterfragen.

Zu schnell

können dicke Wolken die Sonne

wieder verdecken.

Denn, wer weiss schon,

was morgen ist?

25 – Der ganz normale Wahnsinn

Wenn ein Morgen
alles andere ist
als normal

Ein ganz normaler Morgen
unseres Schulkindes.
Wecken um 07.00 Uhr.
Nachstupfen fünf Minuten später.
Erneutes Wachrütteln mit Androhung
auf Bettdeckenentzug.
Sohnemann duscht.
Zieht sich an.
Frühstückt.
Putzt sich die Zähne
und checkt gleichzeitig
seine Nachrichten.
Genau dreissig Minuten nach dem Aufstehen
verlässt er das Haus.

Ein ganz normaler Morgen
eines Schulkindes eben.

Bei uns ist dies aber nur
einer
von zwei Abläufen.
Der andere sieht so aus:

Mein Wecker klingelt.
Er summt und summt.
Erbarmungslos.
Bis ich aufstehe.
Oder aber,
ich brauche ihn gar nicht.
Denn wir haben seit Jahren
auch einen
lebendigen Wecker.
Unserer Tochter fehlt aufgrund des Angelman-Syndroms
das Schlafhormon,

und sie kann deswegen genauso gut

bereits schon früh am Morgen munter sein.

Topfit und hellwach.

Voller Tatendrang,

hyperaktiv und kaum zu bändigen.

Sich selber unterhalten oder im Bett liegenbleiben,

das funktioniert nicht.

Auch nicht um drei Uhr morgens.

Zu schwer ist ihre geistige Behinderung.

Sie poltert dann gegen die Plexiglaswände

und ruft laut,

bis ich sie aus dem grossen Gitter- und Pflegebett nehme,

in dem sie zusätzlich gesichert ist,

da sie ansonsten in der Nacht herumwandern

oder herumklettern würde.

Deshalb

sind auch unsere Nächte

kurz,

unplanbar

und ohne Konstanz.

Sie bestimmt unseren Schlafrhythmus.

Seit mehr als zehn Jahren.

Sie ruft: „ä",

denn sie kann nicht sprechen.

Kein einziges Wort.

Unvorstellbar oder?

Ich weiss.

Und doch ist das unser Alltag.

Ihr Alltag.

Sie lebt damit.

Und wir auch.

Nach dem Aufstehen

gehe ich mit ihr auf die Toilette.

Warte neben ihr sitzend und hoffe,

dass es klappt.

Dass die Therapien anschlagen

und das jahrelange WC-Training

endlich erfolgreich ist.

Wasche sie.

Wickle und pflege sie.

Creme sie ein und ziehe ihr die Kleider an.

All dies oft mit Gegenwehr und sicher ohne jegliche Mithilfe.

Sie wiegt beinahe 35 Kilo und ist 137cm gross.

Wenn ich sie tragen muss,

weil sie nicht laufen will

oder durch die notwendigen Schlafmedikamente

noch zu unsicher ist auf den Beinen,

schleppe ich sie

vom Badezimmer zurück aufs Pflegebett.

Ihre fehlende Körperspannung lässt nicht zu,

dass sie sich an mir festhält oder klammert.

Sie hängt in meinen Armen.

Schwer und gross.

Wenn sie sich plötzlich

in eine andere Richtung dreht,

brauche ich den vollen Körpereinsatz,

um sie zurückzuführen.

Wenn ich sie angezogen habe,

steige ich mit ihr langsam die Treppe in die Küche hinunter.

Unendlich froh, dass sie das schafft,

denn Julia zu tragen

ist durch ihre ruckartigen Bewegungen

und ihr unvorhersehbares Ausschlagen sehr gefährlich.

Dann setze ich sie

auf den Therapiestuhl

und befestige sie

mit einem Bauchgurt.

Denn ohne diesen

bleibt sie

nur schwer sitzen.

Zu aktiv ist ihr Körper.

Sie würde gleich wieder aufstehen.

Ich mache ihr die Haare

(das tönt einfacher als es ist ...)

und ziehe ihr das Lätzli an,

damit der Pulli

nicht nach wenigen Minuten aussieht,

als hätte sie im Joghurt gebadet.

Gebe ihr das Birchermüesli ein

und verstecke die bitteren Epilepsiemedikamente

unter den Fruchtstückchen.

Nach dem Essen lasse ich sie noch kurz sitzen,

immer im Blick,

ob sie samt Therapiestuhl am Hintern,

hüpfend,

auszubüchsen versucht.

Ich stelle alles bereit für unseren Sohn,

der bald aufsteht und ab dann

sein ganzes Morgenprogramm

alleine macht.

Er ist es auch,

der mir danach hilft,

ihr die Zähne zu putzen.

Sie festhält,

wenn sie nicht hinhalten will.

Er löst mich für Sekunden ab

beim erneuten WC-Gang mit ihr,

damit ich ihm noch die restlichen Sachen richten kann.

Er schaut,

dass sie nicht einfach aufsteht und hinfällt,

wenn sie etwas anderes im Kopf hat.

Ich übernehme wieder

und er verabschiedet sich von uns.
Die Uhr ständig im Blick
versuche ich ihr
die Schuhe anzuziehen.
Ein mühsames Unterfangen,
da Julia
das Bein nicht streckt
und nicht mithilft.
Gelingt es mir trotzdem,
das beinahe Unmögliche zu schaffen
muss ich darauf achten,
dass Julia den anderen Schuh
nicht gleich wieder abstreift.
Eine Sisyphusarbeit.
Ich trage immer ein Kurzarmshirt,
wenn unsere Tochter zu Hause ist.
Auch im Winter
Jetzt wisst ihr auch,
wieso.
Ich bin körperlich
jede Minute gefordert
und bis ich sie angezogen habe,
durchgeschwitzt.
Noch schnell letzte Notizen
ins Kontaktheft der Schule
und schon
läutet es
an der Tür.
Geschafft!
Einmal mehr.

So sieht ein Morgen aus bei uns.
Der ganz normale Wahnsinn eben.
Tagtäglich.

26 - Regenfee

Wenn der Himmel weint
und Julia
lacht

Wenn der Himmel weint
und du lachst,
weil du den strömenden Regen
lustig findest.
Dann stehe ich,
ganz still,
hinter dir
und lausche
deinem herzerwärmenden Lachen.
Fülle mein Herz
mit diesem wunderschönen Klang
deines Kicherns.
Versuche in Gedanken
das Glück
in deinem Gesicht zu sehen.
Es fällt mir nicht schwer,
mir vorzustellen,
wie du strahlst.
Deine leuchtenden Augen.
Dein verschmitztes Grinsen.
Ein unbeschwerter Moment,
in dem alles rundherum stillsteht
in unserem Sturmleben.
Dann,
wenn der Himmel weint,
und du lachst.

27 – Umarmungen

Wenn du
ohne Worte
sprichst

Das grosse Glück

sind deine Umarmungen.

Sie entschädigen dafür,

was du verbal

nicht äussern kannst.

In den Momenten,

wo du dein Gesicht

an meinen Hals schmiegst

und mit leiser Stimme:

„äää-äää-äää"

in mein Ohr hauchst,

bin ich unendlich dankbar,

dass du

trotz den vielen Einschränkungen,

welche dir

deinen Weg

erschweren,

eines trotzdem

richtig gut

kannst:

Liebe verschenken!

Mit deinem

reinen

Herzen!

28 - Schattenkind

Wenn der Bruder
der Sonne
entgegen
lacht

Schattenkind.

Immer wieder höre ich dieses Wort.

Geschwister von Kindern mit einer Behinderung werden so genannt.

Weil sie schon in jungen Jahren zurückstecken müssen.

Klar...

Die Pflege und die Betreuung eines Kindes wie Julia

braucht um ein Vielfaches

mehr Zeit,

Energie

und Kraft der Eltern.

Unendlich viel mehr

als für die meisten vorstellbar.

Tag und Nacht.

24 Stunden.

7 Tage die Woche.

Ohne Sicht auf ein Ende.

Aber deshalb ein Schattenkind?

Weil die Geschwister oft Kompromisse schliessen müssen?

Nachgeben?

Hinten anstehen?

Vernünftig sein müssen?

Ich wehre mich gegen diesen Begriff.

Für mich stimmt er nicht.

Denn unser Sohn

steht nicht im Schatten von Julia.

Sondern

an ihrer Seite.

Er liebt sie.

Über alles.

Profitiert und lernt von ihr.

Und sie von ihrem Bruder.

Wir von unserem Sohn.

Er von uns Eltern.

Wir alle voneinander.

Unsere Werte

haben sich verändert durch Julia.

Ihr Bruder,

unser Sohn

kennt unseren Alltag nicht anders.

Für ihn ist es selbstverständlich,

dass sie dazugehört,

ein wichtiger Teil ist unserer Familie.

So wie wir es alle sind.

Bewusst nehmen wir uns aber auch Zeit

nur für ihn,

teilen uns auf,

damit auch er auf seine Kosten kommt.

Probieren ihn zu schützen,

da wo es geht und Sinn macht.

Er unter anderem nicht mitansehen muss,

wenn es ihr nicht gut geht.

Weil ihn solche Bilder lange verfolgen.

Ihn kaum mehr loslassen.

Wir beantworten ehrlich seine Fragen,

staunen über seine Reife und sein Mitgefühl.

Lassen ihn aber Kind sein - und Teenie.

Auch darauf hat er Anrecht.

Auch er darf spinnen.

Reklamieren.

Ausrufen.

Diskutieren.

Uns fordern.

Er und seine Welt

sind ebenso wichtig.

Er steht nicht in ihrem Schatten.

Zu keiner Zeit.

Finden wir.

Und er?
Als ich ihn frage,
ob er sich benachteiligt fühlt,
schaut er mich mit erstaunten Augen an
und sagt bestimmt:
„Nei Mama.
Bis jetzt no niä!"
und schüttelt verstärkend den Kopf.
„Klar bruched ihr meh Ziit für d`Julia,
aber da chan ja niämerd
öppis defür."

Schattenkind?
Nein!
Heldenbruder!

29 – Eisprinzessin

Wenn ein Kichern
den Schnee
zum Schmelzen
bringt

Es ist kalt.

Eisig.

Der Schnee kam über Nacht.

Winter.

Mitten im Frühling.

Es knirscht

beim Laufen.

Der Wald ist weiss.

Die Flocken

kitzeln auf der Nase.

Die Bäume

ächzen.

Die Last

drückt.

Es knarrt.

Der Firn auf den Ästen löst sich.

Fällt runter

auf den verschneiten Wanderweg.

Ein unverkennbares Lachen

erwärmt die eisig kalte Bergluft.

Das Kichern und Jauchzen

unseres Sturmkindes

durchdringt die andächtige Stille.

Es gibt wohl nur wenige,

die sich an diesem garstigen Apriltag

über die Puderzuckerwiesen freuen.

Niemand, der im Schneegestöber

dieses Frühlingstages

trotz klammen Fingern

freudigquietschend

tanzt.

Doch.

Eine.

Unsere Eisprinzessin.

30 - (M)eine Herzensgeschichte

Wenn etwas Kleines
Grosses
bewirken
kann

Vor wenigen Tagen
musste ich bei der kantonalen IV Stelle
eine neue SBB Begleitkarte anfordern,
da das Original verloren ging.
Ich dachte schon:
„Das gibt bestimmt wieder einen Papierkrieg
bis wir die für uns so wichtige Karte erhalten werden."
Überraschend
wurde ich eines besseren belehrt
und freute mich
über das sehr verständnisvolle Mail
unserer zuständigen Sachbearbeiterin.
Nach Einsendung eines neuen Fotos
kam heute
sehr unbürokratisch
bereits der Ersatz per Post.
Und dann?
Ich konnte kaum glauben
was ich sah.
Auf der Vorderseite
schmückten
zwei Aufkleber
das grüne,
offizielle Dokument.
Ein bunter Vogel
und ein Schmetterling.
Dass ich nah am Wasser gebaut bin,
ist nichts Neues.
Es ist ja auch nicht erstaunlich,
denn die Behinderung von Julia
und die intensive Betreuung von ihr
brauchen enorm viel Kraft.
Seit Jahren.

Deshalb sind Tränen für mich
beinahe Alltag.
Diese liebevolle Geste
kam völlig unerwartet und
traf mitten in mein Herz.
Sie berührte mich sosehr,
dass es für einmal Freudentränen waren,
die mir die Wangen runterkullerten.
Es braucht nicht viel,
um Wunderbares auszulösen.
Aber;
Man muss es tun!
Dank zwei farbigen Stickern,
werden wir nun
bei jeder Reise mit Bahn oder Bus
daran erinnert,
dass manchmal
ein kleines Zeichen
GROSSES
bewirken
kann!

31 – Ferien am Meer

Wenn immer ein Teil fehlt
und doch
die eine Woche im Jahr
so wichtig ist

Es reiht sich
Badetuch an Badetuch,
Liege an Liege,
Campingstuhl an Campingstuhl.
Dutzende von Kindern
rennen laut lachend umher
und lassen
den warmen Sand aufwirbeln.
Babys schreien.
Mütter rufen entnervt nach ihren Sprösslingen.
Väter bauen Sandburgen.
Mit Tüchern bepackte Verkäufer
bahnen sich einen Weg
durch die liegenden Körper
und preisen lauthals ihre Ware an.
Halsketten um ihre Arme gehängt,
tragen sie zusätzlich eine grosse Auswahl
an Handyhüllen.
Es riecht nach Meer und Sonnencrème,
nach „Coco bello" und Panini,
nach Zigarettenrauch und Schweiss.
Ein aufgeblasener rosaroter Riesenflamingo
wird von einem Windstoss erfasst
und hüpft über die Köpfe
der unzähligen Touristen
dem Wasser entgegen.
Der zu Beginn des Tages
mühsam im Sand
eingegrabene Schirm
wird ebenfalls Opfer der
eigentlich willkommenen Brise
und fliegt davon.
Die Sonne brennt erbarmungslos
und die wenigen Plätze

im verbliebenen Schatten
sind heiss begehrt.
Das Stimmengewirr erreicht
seinen Höhepunkt,
als über Lautsprecher eine krächzende Stimme
irgendwelche Ansagen macht,
die niemand versteht.
Es ist aber bestimmt eine Aufforderung
etwas zu tun oder zu unterlassen.
Die Teenager nebenan
stellen ihre mitgebrachten
Musikboxen noch etwas lauter,
um alles andere zu übertönen.
Der Sand bleibt am frisch
eingecremten Rücken kleben,
als ein Junge an mir vorbeirennt.
Das mitgebrachte Wasser
ist trotz Kühltasche
mittlerweile so warm
wie das Meer.
Irgendwie
hab ich mir Erholung
anders vorgestellt.
Und wir wünschen uns tatsächlich,
jedes Jahr,
Julia wäre in den Ferien
mit dabei?
Aber dann
würde ich
weder
eine Minute in Ruhe auf dem Boden liegen,
noch all das Geschehen um mich herum
beobachten können.
Ständig

wär ich

hinter ihr

her,

damit sie sich

nicht auf liegende Körper setzt

oder die Chips

aus dem Knistersack des Nachbarn

klaut.

Die vielen Menschen und Geräusche

würden sie komplett

überfordern.

Ich hätte

keine Ruhe in der Nacht.

Wir wären in ständiger Bereitschaft.

Wie im Alltag.

Sie fehlt.

Und es ist trotzdem

besser so.

Für uns alle.

Eine Woche Kraft schöpfen

tut unendlich gut.

Es fühlt sich alles

so leicht

und unbeschwert an.

So wie es eben

sein sollte.

32 – Lebenslang

Wenn nichts
selbstverständlich
ist

Der Moment am Morgen,
wenn Julia in ihrem Bett liegt
und obwohl sie mich gerufen hat,
dann doch nicht aufstehen will.
Ganz Teenie eben.
Dann denke ich einen kurzen Moment,
wenn doch nur alles gut wäre.
Wenn sie doch nur sprechen könnte.
Sich doch nur selber anziehen,
selber duschen,
selber essen könnte.
Wenn sie doch nur
mit ihren Freundinnen abmachen
und sagen könnte,
welches ihre Bedürfnisse sind.
Selbstverständlichkeiten,
die keine sind.
Für uns.
Und es auch nie
sein werden.
Lebenslang.
Heute tut es mal wieder
sauweh,
dass es ist,
wie es ist.

33 - Scheisse

Wenn es ist,
wie es
ist

Es gibt Tage,
an denen mich
das verdammte
Angelman-Syndrom
in die Knie zwingt.
Von einer Sekunde
auf die andere.
Zum Beispiel,
wenn Julia mich
ungebremst
beim Wickeln
in den Magen kickt.
Wenn sie mich ganz stark kneift,
weil sie etwas nicht will
und sie es nicht anders ausdrücken kann.
Wenn sie sich auf den Boden legt
und ich keine Chance habe
sie hochzunehmen.
Wenn sie sich mit unbändiger Kraft wehrt,
während ich ihr die Zähne putzen muss.
Wenn sie laut weint und ruft,
weil sie Schmerzen hat
und ich nicht herausfinde,
was die Ursache ist.
Wenn sie erneut
die Nacht zum Tag macht,
und ich noch weniger schlafe
als sonst schon.
Wenn epileptische Anfälle
sie durchschütteln
und sie tagelang danach
noch darunter leidet.
Wenn sie etwas erzählen will
und ich sie nicht verstehe.

Wenn sie kratzt oder beisst,
weil es die einzige Möglichkeit für sie ist,
sich in dem Moment auszudrücken.
Wenn ich andere Kinder im gleichen Alter sehe
und der Unterschied zu ihnen
immer grösser wird.
Wenn sie hyperaktiv herumrennt und
keinen Moment der Ruhe findet.
Wenn sie im Bus wildfremde Menschen berührt
und ich Abneigung und Unverständnis spüre.
Wenn ich sie erneut umziehen muss,
weil ihre Kleider nass sind.
Wenn ich sie keine Sekunde
ohne Beaufsichtigung
alleine lassen kann.
Wenn sie Sachen umher schmeisst,
weil sie überfordert ist.
Wenn sie die Treppe runterstürzt,
weil ich zu wenig schnell war.
In all diesen Momenten
empfinde ich
unbändige
Wut.
Gegenüber dem Syndrom
und manchmal gegenüber der ganzen Welt.
Erschöpfung.
Frustration
und
Fassungslosigkeit
über das Ausmass
dieser Scheiss-Behinderung
nehmen Überhand.
Dann
bin ich

verdammt

traurig.

Müde.

Kraftlos.

Ausgelaugt.

In diesen Situationen

gibt es nichts schönzureden.

Nichts zu romantisieren.

Keinen Sinn im Unsinn zu suchen.

Ich bin dann

überzeugter denn je:

„Das Angelman-Syndrom

ist einfach

ein Riesenarschloch."

34 – Kein einziges Wort

Wenn die Worte fehlen
und auch sonst
ganz
viel

Ich werde oft gefragt:
„Kann Julia denn
wirklich gar nicht sprechen?"
Die Antwort ist:
„Nein."
„Kein einziges Wort."
Sie hat zwar einen Talker,
ein Kommunikationsgerät,
welches ihr ermöglicht
Personen zu benennen
und Essen und Spielsachen
auszuwählen.
Aber mehr
ist ihr
nicht möglich.
Ihr fehlendes Sprachvermögen
ist viel komplexer.
Ihre geistigen Einschränkungen
haben
noch ein weit grösseres Ausmass.
Julia kann weder den Kopf schütteln
noch nicken
um Entscheidungen
zu fällen.
Kann keine Gebärden
und keine Handzeichen,
da sie das geistig überfordert.
Kann nicht sagen,
ob und wo sie Schmerzen hat.
Kann nicht erklären,
wieso es ihr nicht gut geht
oder ob sie einfach keine Lust hat.
Sie kann nicht mitteilen,
was sie traurig macht

und auch nicht,
ob ihr jemand unrecht tat.
Unvorstellbar ist es doch,
dass wir unsere Bedürfnisse
nicht ausdrücken können.
Es entzieht sich
jeglicher Vorstellung
so zu leben.
Für uns ist es ein Raten.
Ein Rätseln.
Ein Vermuten.
Ein Ausschliessen.
Aber es ist nie
ein wirkliches
WISSEN.
Es gibt
Momente,
in denen wir sie aber
gut „lesen" können.
In ihrem Gesicht.
Zum Glück
strahlt sie
in diesen Augenblicken
tiefe Zufriedenheit aus.
Trotz
Allem.

35 – Zukunft

Wenn eine Frage
ihre Berechtigung hat,
aber Angst
auslöst

Auszug aus dem Interview des Blogs „Stadt, Land, Mama" vom 03.06.2017
Gibt es Zukunftsprognosen, wie sich Julia weiter entwickeln wird?

„Menschen mit dem Angelman-Syndrom haben eine normale Lebenserwartung und entwickeln sich ein ganzes Leben weiter. Einfach in kleinen Schritten. Sie bedürfen aber immer ständiger Betreuung und Hilfe bei der Pflege und im Alltag. Ihr Entwicklungsstand entspricht normalerweise dem eines Kleinkindes.
Wir nehmen Schritt für Schritt und feiern jeden Meilenstein, den Julia ein bisschen selbstbestimmter ihren Weg gehen lässt. Zuviel in die Zukunft schauen ist schmerzhaft. Aber ich bin sicher, auch da werden wir hineinwachsen. Wie in alles.

Immer wieder

werde ich gefragt:

„Machst du dir schon Gedanken über die Zukunft von Julia"?

„Wo wird sie einmal leben?"

„Hat sie eine normale Lebenserwartung?"

„Wie lange wollt ihr sie noch zu Hause betreuen?"

„Was macht ihr mit Julia wenn sie erwachsen ist?"

Wenn ich darüber nachdenke,

sind es fast immer

Eltern von gesunden Kindern,

die mich das fragen.

Ich glaube sogar,

immer.

Wieso wohl?

Ist es,

weil sie sich Sorgen um mich machen?

Um uns?

Oder weil sie nicht verstehen können,

wieso man ein Kind wie Julia

nicht jetzt schon fremdbetreuen lässt?

Ist es,

weil sie sehen,

wie sehr unser Leben dem von Julia angepasst ist?
Auf wieviel wir verzichten müssen?
Wie stark sich unser Weg unterscheidet von ihrem?
Oder weil sie sich wundern,
wie wir es schaffen
als Familie den intensiven Alltag zu meistern?
Befürchten sie,
es könnte uns irgendwann „zu viel" sein?
Oder ist es ganz einfach reines Interesse?
Wie wenn ich frage:
„Weiss deine Tochter schon,
was sie beruflich werden will?"
Ich weiss es nicht.
Ich habe keine Antwort
auf all diese Fragen.
Ich weiss nur,
dass in die Zukunft schauen
schmerzt.
Weil es unvorstellbar ist,
was mit Julia geschieht,
wenn wir mal nicht mehr können.
Nicht mehr sind.
Wenn ich ehrlich bin,
löst die Frage Trauer aus.
Angst.
Und manchmal
Wut.
Wut über den Verlust
eines normalen Familienlebens.
Keine Mutter
und kein Vater
sollte darüber nachdenken müssen,
ob es ihr nichtsprechendes Kind
in einem Heim

für Menschen
mit einer schweren geistigen Behinderung
einmal gut haben wird.
Zu wissen,
dass Julia nicht ansatzweise
erzählen kann,
was sie erlebt hat.
Nicht mitteilen kann,
ob ihr Umfeld sich gut um sie kümmert.
Sie wird immer abhängig sein
von Betreuerinnen und Betreuern,
die sie hoffentlich
liebevoll unterstützen
und ihr nichts Böses tun.
Es sind furchtbare Gedanken,
ausgeliefert sein zu müssen.
Angewiesen zu sein
auf Menschen,
die unser Kind pflegen.
Wickeln.
Anziehen.
Im Alltag begleiten.
Lebenslang.
Ich habe keine Ahnung,
was später einmal sein wird.
Aber ich bin sicher,
auch da werden wir
hineinwachsen.
Wie in alles.
Wir haben
ja auch
keine andere Option.
Die Frage nach der Zukunft,
sie ist absolut berechtigt,

aber

die Angst,

die sie auslöst,

ist es auch.

Darum wird dies wohl immer

eine Frage bleiben,

die ich zwar nachvollziehen kann,

aber die ich eigentlich

nicht mag.

Versucht zu verstehen,

dass ich

keine Antwort

darauf

habe.

36 – Yanis

Wenn der grosse Bruder
Antworten
gibt

Fragen an Yanis, damals 11 Jahre alt
Heldenbruder von Julia und wundervollster Sohn der Welt

Was antwortest Du, wenn Du gefragt wirst: „Was hat Deine Schwester für eine Behinderung?"

Ich sag sie kann nicht sprechen und eigentlich nicht laufen aber sie hats gelernt wie auch ~~se~~ fast selber essen nicht ganz alles.

Was kann Julia besonders gut und wieso?

Wenn ich traurig bin kann sie mich beruhigen wenn ich neben ihr sitze und ins I-Pad von ihr schauen. Weil sie dann sehr ruhig ist und mich tröstet.

Wen haben wir in Deinen Augen lieber? Deine Schwester oder Dich?

Beide gleich, ich bin einfach selbstverantwortlich und kann vieles alein Julia braucht viel Betreuung

Was findest Du doof oder anstrengend im Leben mit Julia?

Eigentlich gar nichts manchmal kneift sie oder beim gamen stösst sie mir den Fuss in den Rücken aber anstrengend bis jetzt noch nicht.

Was findest Du unfair für Julia?

Das sie nicht selber sagen kann mit Worten was sie will und wo sie hin will einfach ihre einige Meinung kann sie nicht sagen.

Beschreibe Julia in Worten:

lustig, aufgestellt, laut, aktiv

Was wären Fähigkeiten, die Du Julia schenken würdest, wenn Du zaubern könntest?

Das sie das gleiche machen kann wie wir sprechen, sich anziehen, mit Freunden ausgeben,

Was ist das schlimmste was jemand zu Dir oder über Deine Schwester gesagt hat?

Das du so behidert bist wie deine Schwester. Ich schlag dich bis du so behidert bist wie deine Schwester. Deine Schwester ist eine Missgeburt.

Welches ist das schönste Kompliment, das Du je erhalten hast?

Du hast den ~~bessere~~ besten Bruder der mann sich wünschen kann

Was wünscht Du Julia für die Zukunft?

Das sie Spass an ihrem Leben hat

37 – Die Rolle seines Lebens

Wenn Juliapapa
sein Eintrittsticket
in eine andere Welt
erhält

Es ist gibt vieles, das mich mit Julia verbindet - etwas aber ganz besonders, eine eigenartige Geschichte. Und es passt zu ihr und mir als Teil dieser anderen Geschichten, weil es eine geheimnisvolle Ahnung davon gibt, wie Lebensrollen vergeben werden.

Die ersten Stunden am Sonntagmorgen sind schwierig. Dann beschleichen mich Gefühle von Macht- und Ratlosigkeit, von Traurigkeit. Im Haus ist es ruhig, nur Julia und ich sind wach. Eine Schwere senkt sich über mich. Ich trinke noch einen Kaffee, blättere durch die Sonntagszeitung. Es mutet seltsam an, wie wenig mich in diesem Moment die Belanglosigkeiten dieser Welt berühren.

Mein Eintrittsticket in eine andere Welt ist seit dem 18. April 2007 gültig. Meine Tochter Julia hat es mir damals persönlich überreicht. Meine Welt als Vater eines behinderten Kindes ist immer eine andere. Wem ich aus dieser anderen Welt erzähle, die einige meiner Gewissheiten - so es sie überhaupt gibt – zerstörten oder zumindest untergehen liessen und die mir auferlegt hat, ein Leben zu leben, von dem ich immer zu wenig wissen werde, erschliesst sich diese Welt, vielleicht auch nicht.

Wer den Vater eines behinderten Kindes als erstes fragt, wie er das Berufsleben und die Behinderung des Kindes unter einen Hut bringt und wie sich die Beziehung zu seiner Frau verändert hat, wird den Zugang aber kaum finden. Wenig erstaunt bin ich deshalb, dass die Zeitschrift „Der Beobachter" in einem Artikel im Jahr 2001 titelt: „Rollenbilder: Ein behindertes Kind wirft viele Väter aus der Bahn". Und dann immerhin die Erklärung eines Psychologen: „Die Behinderung ihres Kindes trifft Väter emotional genauso hart wie Mütter." Ah ja? Was für eine Wendung in der Geschichte! Anders als in der Welt der Tiere verschmähen Väter ihre behinderten Kinder also nicht, und sie lassen sie auch nicht im Wald zurück. Ja, sie sind nämlich für sie und ihre Partnerinnen da, werfen beispielsweise nach der Arbeit zu Hause - noch gar nicht richtig angekommen - im wahrsten Sinn des Wortes Tasche und Jacke hin, um beim Duschen und Wickeln des behinderten Kindes zu unterstützen, weil es sich gerade komplett eingestuhlt hat.

Insbesondere Väter behinderter Kinder sind nicht einfach Statisten in einem traditionellen Familienbild. Sie sind auch keine einsamen Wölfe, die in ihre eigene Welt flüchten. Das Leben der Väter behinderter Kinder ist vielfältiger, als abends ein Mammut nach Hause zu schleppen. Wir Väter sind Teil einer Familie, die gemeinsam trauert, lacht, sich freut, sich entsetzt und sich gegenseitig unterstützt – einfach alles etwas intensiver. Meist fühlt es sich so an wie Endlosachterbahnfahren. Trotzdem unterscheiden sich die Lebenspläne nicht diametral von jenen anderer Väter oder unserer Partnerinnen. Es geht vielmehr darum, dass ich als Mensch meine Rolle suche, um sie im besten Fall auch zu finden und mich darin wohl zu fühlen. Wer diese Rolle in der Familie beansprucht - ob als Vater, Mutter, Bruder, Schwester oder einem anderen engen familiären Bezug zum Menschen mit einer Behinderung - sie akzeptiert und sie ausfüllt, mit allen seinen schönen und auch ganz schwierigen Seiten - ist bereit. Nur: Bereit wofür?

Was macht einen Vater eines behinderten Kindes zu einem Vater eines behinderten Kindes? Ehrlich? Ich habe keine Ahnung. Ich weiss auch gar nicht mehr, was es bedeutet, nicht Vater eines behinderten Kindes zu sein – obschon es diese Zeit natürlich gab. Sie dauerte von Yanis' Geburt bis zu Julias Diagnose. Dann platzte ich selbst in eine neue Welt hinein. Aber anders als im Film „The Truman Show" hat diese Welt keinen Ausgang, keine Tür am Horizont. Am meisten zu schaffen macht mir heute der Umgang mit Widersprüchen, mit Zweifeln, mit dem fehlenden Rat, mit der Unsicherheit, welche Aufgaben die Zukunft für uns noch bereit hält.

Die Behinderung seines Sohnes oder seiner Tochter zu romantisieren mag anderen Eltern und Angehörigen helfen. Mir nicht. Die Realitäten in diesem Fall sind anders: Ein behindertes Kindes innerhalb einer Familie zu begleiten und zu betreuen ist unglaublich anstrengend und kompliziert, ein Krampf und ein Kampf mit vielen in sich verwobenen Geschichten. Begleitung und Betreuung dürfen deswegen nicht zum Selbstzweck verkommen, nicht zur allumfassenden Lebensaufgabe, auch nicht zum Selbstfindungstrip, bis die Familie im schlimmsten Fall auseinanderbricht. Das wäre Flucht und Betrug am behinderten Kind. Schon Kleinkinder lernen, wo der eigene Körper, also das Selbst, beginnt und wieder aufhört. Sich endlos aufzuopfern und quasi mit seinem behinderten Kind verschmelzen zu wollen, bringt nichts. Es bringt aber auch nichts, die Tatsachen zu verdrängen, sie schönzureden. Das schafft bei vielen Menschen Unverständnis und sorgt für entgeisterte Gesichter. Ich muss mich mit mir selbst und anderen auseinandersetzen, mit der Partnerin einen gemeinsamen Weg finden, andere Meinungen besser akzeptieren und in meine eigenen flechten können, zwischen den Zeilen des Lebens lesen können.

Väter und Mütter behinderter Kinder, die die Kraft und das Umfeld haben, solidarisieren sich mit anderen Menschen mit speziellen Bedürfnissen. Sie unterstützen und helfen, organisieren sich und andere in Vereinen und Communitys, zum Nutzen aller, stehen zur eigenen Meinung und zu ihren Absichten - und empören sich. Zwar ist das allzu oft eine Grenzerfahrung, weil man sich exponiert. Aber es lohnt sich. Erst diese Haltung zu sich und den eigenen Werten belegt das Selbt-Bewusstsein betroffener Eltern und die uneingeschränkte Liebe zum eigenen Kind. Denn eines ist klar: Ich liebe meine Tochter genau deshalb „bis zum Mond und wieder zurück."

Mit diesem meinem Selbst-Bewusstsein zweifle ich keine Sekunde daran, dass Julia ihren eigenen Weg gehen wird und es gibt wenig, wovon ich überzeugter bin.

Und weil es Julia schafft mit ihrem eigenen Selbst-Bewusstsein, das wir nur erahnen können, die Kraft und den Willen aber trotzdem spüren, schaffen es auch wir als Familie, die ihr gemeinsames Herz am rechten Fleck trägt. Ich mache mich täglich auf den Weg, komme sogar ziemlich gut voran, fühle mich wohl und glücklich, zähle auf meinen Humor und meine Art zu denken und an mir zu arbeiten. Ich bin aber auch immer wieder überfordert, gedanklich und körperlich. Ich arbeite an meiner Gelassenheit und suche Halt und Sicherheit. Ich bewege mich viel in der Natur, lese gerne. Ich handle mit mir mein Leben aus, jeden Tag von neuem. Dabei frage ich mich:
Wie viel bin ich, wie viel ist Julias Behinderung?
Woran muss ich arbeiten – körperlich, geistig und seelisch?
Wohin führt mich das Leben?

Was es heisst, Eltern eines behinderten Kindes zu sein, verstehen vor allem diejenigen, die selbst davon betroffen sind oder sich ernsthaft dafür interessieren. Ernsthaft heisst, mir jene Fragen zu stellen, die mich selbst zum Nachdenken bringen; ernsthaft heisst aber auch, sich mit mir und meiner Familie in einer unkomplizierten und unvollkommenen Art und Weise zu verbinden. Wer das Leben von Eltern behinderter Kinder verstehen will, richtet den Blick nicht auf das Banale und versteckt sich auch nicht hinter seiner Hilflosigkeit, denn Väter und Mütter behinderter Kinder verstehen zu gut, was Hilflosigkeit bedeutet. Vielmehr sollte jeder der Behinderung direkt in die Augen schauen. Das ist anspruchsvoll, ein Versuch aber allemal wert. Es zu tun kann helfen, sein eigenes Leben wieder ins richtige Verhältnis zu setzen. Wenn Menschen mit einer Behinderung zu uns gehören sollen und den Schlüssel zu einem anderen Leben in sich tragen, sollten wir dieses Angebot annehmen. Ich bin schlecht darin, Sinn in der Behinderung eines Menschen zu erkennen. Möglicherweise könnte das aber einer sein: Die ewigen Besserwisser und sich Hervortuer zum Schweigen zu bringen und sie über Werte nachdenken zu lassen.

Bitte masst euch nicht an, ihr wüsstet, was für die Menschen mit einer Behinderung richtig ist, ohne mit ihnen oder ihren Angehörigen gesprochen zu haben. Und pickt euch keine Storys heraus à la „Eine befreundete Familie hat ein behindertes Kind und das ...", sondern schaut hin und nehmt aufrichtig Anteil. Sätze wie „Menschen gehören in die Mitte unserer Gesellschaft und nicht an den Rand", sind schnell daher gesagt. Nur wer begründen kann, warum das so sein sollte, ist auf einem guten Weg.

Es gibt da diese Geschichte aus meinem Konfirmationsunterricht. Der Pfarrer beauftragte uns Konfirmanden, gruppenweise und selbstständig die lokale Behinderteninstitution zu besuchen. Die Aufgabe war, sich mit dem Leben von Menschen mit einer Behinderung auseinanderzusetzen. Nach einigen Wochen merkte der Pfarrer, dass keine der Gruppen sich nur ansatzweise für den Auftrag interessiert und die Institution besucht hatte. Er war wütend und enttäuscht. Heute versuche ich diese Geschichte neu zu interpretieren und weiss: Auch wenn wir in den letzten Jahren viele Kriege, Seuchen und Krankheiten überwunden haben, schaffen wir es noch lange nicht immer, uns absolut unvoreingenommen und ohne Absicht - ausser jener des Mitgefühls und der gegenseitigen Toleranz - für die Lebenswelten anderer Menschen zu interessieren. Für die Gesellschaft ist das ein Verlust. Dagegen müssen wir uns in der heute so perfekt vernetzten Welt einsetzen - jede und jeder mit den eigenen Werkzeugen und Fähigkeiten. Wir sollten uns vermehrt in andere Lebenswelten begeben. Nur dort bekommen wir nicht das vorgesetzt, was wir zu wissen glauben, sondern die Wirklichkeit in ihren vielen Schattierungen und Kontrasten.

Gerade mental komme ich im Zusammenhang mit Julias Behinderung täglich an meine Grenzen. Danach zu suchen, was mir selbst Kraft gibt und sie nicht raubt, gehört zu einer meiner Lebensaufgaben, die ich sehr ernst nehme. Zudem bin ich mir bewusst, dass ich Julias Leben manchmal anders einschätze als Melanie, wir aber immer einen gemeinsamen Weg gehen, begleitet von Liebe, viel Humor und grosser Zuversicht. Wir flüchten uns nicht in andere Welten, sondern nutzen gemeinsam das grosse soziale Netz, das wir uns mit dem nötigen Glück und ein paar eigenen Talenten erarbeitet haben. Es gehört zu meinem Alltag, mir nicht jede Sekunde darüber den Kopf zu zerbrechen, was richtig oder falsch ist, sondern intuitiver zu handeln und Neues auszuprobieren. Gedanklich auf der Höhe zu sein, die alltägliche Suche nach Gelassenheit und Umsicht braucht einen grossen Willen und dauernde Arbeit am eigenen Geist. Das ist sehr anstrengend und gepaart, mit dem Drang, einfach aus dem Alltäglichen auszubrechen. Ich bin sicher, dass sich die Bemühungen lohnen werden.

Wie wäre es, wenn Julia nicht behindert wäre? Eine dumme, überflüssige Frage. Die Wenn-Frage als jenes Gedankenspiel, das auf den ersten Blick nichts bringt, ausser Sinnlosigkeit und blöd aus der Wäsche schauen. Ich stelle sie mir trotzdem und oft, diese Frage. Sie lässt mich durch meine Welt wandern und zaubert mir ein Lächeln auf mein Gesicht. Und: Diese eine Frage verbindet mich am meisten mit Julia. In diesen Momenten ist mir meine Tochter ganz nah, trage ich sie in meinem Herzen und meinen Gedanken, stelle ich mir ihr Lachen vor, ihre schönen Haare, ihre Art, wie sie mir einen Kuss gibt, ihre bedingungslose Liebe. Und diese Momente gehören nur mir, führen mich zu ihr und machen mich stark. Dann sehe ich eine Welt, die Julia mit ihrer Kraft verändert und werde stolz, es mit Melanie und Yanis bis hierhin geschafft zu haben. Ich werde mir bewusst, welche Lebensvielfalt Mütter und Väter von gesunden Kindern entgeht. Gleichzeitig spüre ich das Verlangen in mir, dass es anders wäre. Die Rollen dieses Lebenstheaters sind aber vergeben, wie beim Krippenspiel in der Schule, als Julia ein Schaf spielte - ohne Text und mit einem Auftritt im letzten Akt, dann, wenn in der Weihnachtsgeschichte schon fast alles gelaufen ist. Ein Schaf im Krippenspiel? Genau wie ich vor fünfunddreissig Jahren im Kindergarten - diese eigenartige Gemeinsamkeit.

Es ist Sonntagmorgen. Ich falte die Zeitung zusammen, stehe auf und bereite in der Küche ein Birchermüesli zu. Julia hat Hunger.

38 - Mehr als ein Team

Wenn schwere Zeiten
stärken

Ein gutes Team zu sein,

ist wohl das A und O in jeder Partnerschaft.

Und in einer Sturmfamilie?

Wahrscheinlich erst recht.

Bei uns auf jeden Fall,

ist es das Fundament.

Das Allerwichtigste

in unserem turbulenten

und anstrengenden Familienleben.

Nur wenn ich anlehnen kann,

kann ich auch festhalten.

Nur wenn ich abgeben kann,

kann ich auch entlasten.

Nur wenn ich mich bestärkt fühle,

kann ich auch Kraft geben.

Nur wenn ich Unterstützung spüre,

kann ich auch helfen.

Nur wenn ich weinen darf,

kann ich auch trösten.

Uns gegenseitig zu respektieren und zu lieben,

das haben wir uns schon vor vielen Jahren versprochen.

Was es heisst,

auch schwere Zeiten gemeinsam zu überstehen,

haben wir lernen müssen

und tun es noch immer.

Die Liebe ist trotz Allem gewachsen.

Mit all den Aufgaben und Herausforderungen.

Mit all den Freuden und Fortschritten.

Mit jedem Meilenstein.

Mit jeder Träne.

Mit jedem Rückschritt.

Mit jeder Umarmung.

Mit jedem Festhalten.

Wir haben das grosse Glück,

dass wir uns nie verloren haben.
Auch nicht mitten im Orkan.
Auch nicht,
als Erschöpfung und Überforderung
in unseren ersten Jahren mit Julia
uns täglich
in grossem Ausmass
überrollten.
Uns an den Rand
des Stemmbaren
gebracht haben.
Auch nicht
als die einschneidende Diagnose
Angelman-Syndrom
uns den Boden
unter den Füssen
komplett
wegzog.
Wir haben
das grosse
Glück,
dass wir uns noch immer
unendlich wichtig
und wertvoll sind.
Nicht nur
als Team.
Sondern auch
als Paar.
Tagtäglich.
Mein
Herz.

39 – Die richtigen Worte

Wenn nur ignorieren
wirklich
falsch
ist

Im Umgang mit Eltern

von Kindern mit einer Behinderung

gibt es leider

keinen „Ratgeber"

der für alle Angehörigen stimmt.

Weder direkt nach der Diagnose

noch auf dem weiteren Weg der betroffenen Familien.

Was sind die richtigen Worte?

Welche genau die falschen?

Was hilft und was verletzt?

Wenn ich

dieses heikle Thema in Elternforen zur Diskussion stelle,

gibt es beinahe im Minutentakt

Kommentare darüber.

Einige stören sich schon an dem Wort „Behinderung".

Sie sprechen von „besonderen Bedürfnissen"

oder vom „anders sein".

Ich

sage es lieber

direkt.

Julia ist behindert.

Und zwar schwer.

Daran ändert sich auch bei der Wortwahl nichts.

Ich liebe sie trotzdem.

Abgöttisch.

„Es gibt keine falschen Aussagen.

Nur nichts zu sagen,

und das Thema zu vermeiden,

ist wirklich falsch!"

Vereinzelten hilft der Glaube

und sie sehen in den Kindern ein Geschenk Gottes,

mich nerven genau solche Aussagen

und ich tue mich schwer,

in der Behinderung meines Kindes

einen Sinn zu suchen.

Wie also soll es eine einheitliche Vorgehensweise geben,

wenn wir betroffenen Eltern

uns schon nicht einig sind?

Ich persönlich sträube mich gegen das Beschönigen

einer Behinderung.

Das Verherrlichen

finde ich

einfach schrecklich.

Die Einschränkungen unserer Tochter

sind furchtbar.

Klar, gibt es Schlimmeres.

Das gibt es immer.

Aber trotzdem

wünsche ich mir Julia

sprechend.

Selbstständig.

Ohne Epilepsie.

Gesund eben.

Aber dieser Ausdruck,

gefällt auch nicht allen.

„Mein Kind ist nicht krank.",

lautet ein Kommentar.

Wenn ich aber die Menge an Medikamenten sehe,

welche Julia täglich zu sich nehmen muss,

kann ich dies nicht „gesund" nennen.

Über die Tatsache,

dass unsere Tochter mit einem Gendefekt auf die Welt kam,

trösten auch keine Aussagen wie:

„Sie hat dich zu einem besseren Menschen gemacht."

Oder:

„Durch euer Kind

habt ihr wundervolle Menschen kennengelernt,

die ihr sonst nie getroffen hättet."

Klar, dem ist wohl so,
und dass wir alle mit unseren Kindern wachsen,
ist genauso eine Tatsache.
Trotzdem hätte ich es gerne anders.
Zahlreiche Male lese ich von
einigen No-Go-Sätzen,
welche sich Eltern anhören müssen,
die ich hier gerne nennen möchte.
Wir alle wissen,
dass die Personen,
welche solche Aussagen machen,
es nicht böse meinen.
Es liegt mir fern
jemanden anzugreifen.
Zu belehren.
Ich möchte versuchen aufzuzeigen,
wie wir uns bei gewissen Äusserungen fühlen.
Vielleicht hilft es euch als Aussenstehende
einfach einmal zu hören,
was für viele
von uns Eltern mit einem Kind mit einer Behinderung
gar nicht geht.
Sätze wie:
„Eure Tochter hat sich euch ausgesucht",
mag vielleicht
auf spiritueller Ebene
eine Erklärungsvariante sein,
den meisten von uns
bringt dieser Satz aber nichts.
Meiner Meinung nach
sucht sich niemand
seine Eltern aus.
Sonst gäbe es keine Kinder
in Slums oder in Kriegsgebieten.

Darum:

Bemerkung lieber weglassen.

Die Aussage:

„Ich könnte das nicht.",

soll wahrscheinlich aufzeigen,

dass ihr uns bewundert.

Das braucht ihr nicht.

Wir tun nur das,

was doch klar und selbstverständlich ist.

Wir lieben unsere Kinder

und würden alles für sie tun,

obwohl sie nur kleine Fortschritte machen.

Und genauso

würdet auch ihr,

wie wir,

alle Kräfte der Welt mobilisieren,

um für das eigene Kind zu kämpfen.

Ganz übel empfinde ich den Satz:

„Man bekommt nur das aufgebürdet,

was man tragen kann."

So ein Bullshit!

Es gibt hunderte von Beziehungen,

die an solchen Schicksalen zerbrochen sind,

da sie eben nicht tragen konnten,

was ihnen an Gewicht

in ihren fucking Rucksack gestopft wurde.

Hört auf die Entwicklungsschritte eurer Kinder

mit unseren zu vergleichen.

Unterlasst Sätze wie:

„Sei froh, kann sie nicht laufen,

ich muss den ganzen Tag hinterher rennen."

oder:

„Ich wünschte mir manchmal,

meiner könnte nicht sprechen,

er redet ohne Punkt und Komma."

Das ist einfach nur verletzend.

Wenn ihr einer befreundeten Familie wirklich helfen wollt,

dann bietet Entlastung an.

Unterstützt direkt.

Nehmt die Geschwisterkinder zu euch

oder kocht eine Lasagne

und stellt sie vor die Tür.

Seid nicht enttäuscht,

wenn ihr nicht hereingebeten werdet.

Es ist nicht böse gemeint,

aber die Kraft reicht manchmal

nicht mal für das.

Traut euch zu,

den Umgang mit dem nichtsprechenden Kind zu lernen!

Auch wir mussten da reinwachsen.

Ratschläge wie:

„Ihr könntet sie ja in ein Heim geben",

oder:

„Geht doch mal ein Wochenende weg,

das würde euch guttun.",

sind unnötig.

Denn das

wissen wir selber.

Wirklich nichts bringen mir Fragen wie:

„Konnte man das nicht schon

in der Schwangerschaft sehen?"

Oder:

„Habt ihr das schon von Anfang an gewusst

und euch trotzdem dafür entschieden?"

In diesem Fall wäre nur eine Antwort richtig:

„Nein, haben wir nicht."

Aber würde es denn etwas ändern?

Wären wir dann selber schuld?

Nur weil unsere Gesellschaft immer mehr
explizit das „Perfekte" will?
Oder stellt man diese Frage ganz einfach,
um zu erfahren,
ob wir uns vorbereiten konnten?
„Nein, konnten wir nicht."
Aber auf ein Kind mit Angelman-Syndrom
kann man sich auch nicht vorbereiten.
Denn es ist einfach unvorstellbar,
ein Leben
mit Angelman.
Ebenfalls ein sehr heikles Thema ist der Schlafmangel.
Wenn euer gesundes Kind gerade erkältet ist
oder seine Zähne kriegt
und ihr ein paar Stunden weniger schlaft als sonst,
dann spürt ihr ganz kurz,
was wir immer tun:
Angel-Eltern schlafen jahrelang kaum,
oft nur abwechselnd,
ohne Rhythmus und ohne Sicht auf ein Ende.
Und zwar
Nacht für Nacht.
JAHRELANG!
Also unterlasst besser
die bestimmt gut gemeinten Schlaftipps und Hinweise
auf irgendwelche tollen Therapien oder Bücher,
denn die
im ganzen Universum existenten
Handaufleger und Schlafberater
haben wir schon längst
aufgesucht
und es hat nichts genützt.
Ein Thema welches
ich unbedingt

auch ansprechen möchte,
ist der Umgang eurer Kinder
mit dem anders sein.
Klar, sagen „normale" Kinder
manchmal Sachen, die wehtun.
Aber noch verletzender
sind dann hilflos wirkende Rechtfertigungen euerseits:
„Er hat halt Angst vor ihr."
Oder:
„Er ekelt sich vor ihrem Speichel."
Eure Aussagen sollen zwar erklärend wirken,
das kann ich verstehen,
sie werden aber nicht dazu beitragen,
dass euer gesundes Kind lernt
Menschen mit anderen Bedürfnissen
zu akzeptieren und sie so zu nehmen
wie sie sind.
Versucht euren Kindern zu erklären,
warum jemand wie Julia laut ist.
Kneift.
Zuckt.
Schreit.
Dann werden sie lernen
auf Menschen zuzugehen,
die nicht so reagieren,
wie man es erwartet.
Wenn ihr auf einen Menschen mit einer Behinderung trefft,
dann begrüsst ihn!
Direkt!
Auch wenn er euch nicht antworten kann,
wird er sich über die Aufmerksamkeit freuen.
Und wir Eltern
tun es auch.
Über ihn zu reden,

als wäre er Luft

ist extrem verletzend.

Fragt uns, was ihr wissen wollt.

Was euch nicht klar ist.

Redet über die Behinderung.

Schweigt sie nicht tot!

Nicht starren, das ist klar,

aber bemüht wegschauen

oder sogar die Strassenseite wechseln

ist definitiv

falsch!

Erlaubt euren Kindern Fragen zu stellen.

Mit Empathie und Offenheit

aufeinander zugehen,

in gegenseitigem Verständnis füreinander.

Das

ist der Schlüssel

zu einer Welt,

die vielen verborgen bleibt,

weil sie sich dagegen verschliessen.

Scheut euch nicht!

Ihr werdet merken,

ihr bekommt

wenn ihr Geduld habt,

ganz viel

zurück!

40 – Ich wünsche mir

Wenn Julia es schafft,
dein Herz zu
öffnen

Ich wünsche mir
kein Mitleid
sondern Mitgefühl.
Kein Starren
sondern Fragen.
Kein Aufregen
sondern Verständnis.
Kein Separieren
sondern ein miteinander Gehen.
Kein Rücken zuwenden
sondern Helfen.
Kein Kopf schütteln,
sondern überlegen.
Keine Angst,
sondern Interesse.
Ich wünsche mir,
dass sie Liebe spürt.
Lebenslang.
Ich wünsche mir
kein Wegschauen.
Ein Kind mit einer Behinderung
kann jeden treffen.
Deine Nachbarn.
Deine Freunde.
Deine Geschwister.
Oder dich selber.
Jederzeit und ohne Vorwarnung.
Lass zu, dass Menschen
wie Julia,
dein Herz öffnen.
Denn sie sind
ein Teil von uns.
Julia ist ein Teil von mir.

41 – Angelman Verein Schweiz

Wenn aus Fremden
Verbündete werden
und manchmal
sogar
Freunde

Der Angelman Verein Schweiz wurde im Jahr 2013 gegründet und ist ein gemeinnütziger Verein, der mittlerweile mehr als vierzig Familien zu seinen Aktivmitgliedern zählt. Der Verein organisiert verschiedene Anlässe, informiert über das Angelman-Syndrom und bietet eine Anlaufstelle für Interessierte.

AKTIVMITGLIEDER:

Die Aktivmitgliedschaft steht grundsätzlich Eltern oder gesetzlichen Vertretern von Menschen mit dem Angelman-Syndrom offen. Der Mitgliederbeitrag beträgt 30 Franken pro Jahr.

SOLIDAR- UND GÖNNERMITGLIEDER:

Weitere Angehörige und Freunde von Menschen mit dem Angelman-Syndrom, Förderer des Vereins, aber auch Behörden, Institutionen, Vereine oder Firmen können dem Verein als Solidar- oder Gönnermitglied beitreten.
Der Mitgliederbeitrag für eine Solidarmitgliedschaft beträgt 60 Franken pro Jahr, jener für Gönnermitglieder 200 Franken. Diese längerfristigen Wegbegleitungen geben dem Verein die Möglichkeit besser zu planen und werden ausserordentlich geschätzt.

SPENDEN:

Auch über einmalige Spenden freut sich der Verein sehr! Diese werden selbstverständlich im Sinne der Vereinsstatuten eingesetzt und ermöglichen den Angelman Familien unbeschwerte Augenblicke!

Zusätzliche Informationen über den Verein siehe: www.angelman.ch

42 – Gedanken der Grosseltern

Wenn Enkelsterne
geboren
werden

16. Juli 2005 unser erster Enkel Yanis blinzelt in die neue Welt… für uns leuchtet dieser erste „Enkelstern" besonders hell…

Überglückliche Eltern… und Grosseltern… und Gotti Manuela,… so soll es sein.

Ein Jahr und fast auf den Tag genau neun Monate später leuchtet mit Julias Geburt unsere zweiter „Enkel(in)stern" hell auf.

Alles ist gut… doch … Julia ist anders, anders als alles was wir bei Babys kennen und doch einfach ein hübsches Kind… aber… sie schläft kaum, weint und schreit sehr viel, nimmt kaum Flüssigkeit auf… und dann doch wieder dieses strahlende Lächeln… Prinzessin und Sorgenkind zugleich… es wird schon besser… es muss einfach besser werden… ruhiger, normaler, normaler?

Nein, die Familie, ob Eltern, Grosseltern und Gotti, alle sind und bleiben im einmaligen, anstrengenden „Julia-Modus".

Erst bange Jahre später haben wir die Gewissheit, „Angelman-Syndrom." Selten, sehr selten, kaum bekannt, im Gegenteil… für uns alle Neuland.

Julia ein Stern aus einer andern Welt… und doch weiss sie zu verzaubern, nicht zuletzt mit ihrem unendlich einnehmenden, herzerwärmenden und unvergleichlichen Lächeln.

Julias Lebensweg scheint wie der Weg eines Sternes aus einer fremden Galaxie, und doch ist sie hier und uns so nahe. Julia lehrt uns, sich nicht vor der Zukunft zu ängstigen, sondern zu leben, jeden Tag aufs Neue.

Wir lernen unsere Julia zu verstehen, ihre „Ää-Laute" in allen Variationen zu deuten, auch dies immer wieder neu, … unendlich fordernd, oft unlösbar schwierig.

Die Aussage ihres Herzensbruder Yanis, damals noch im Kindergartenalter: „D`Julia chan zwar nüt säge, aber ich verstoh sie trotzdem. Ich luege ihre i d`Auge und mir redet mitenand.", spricht für die enge, herzliche und einzigartige Bindung zwischen den Geschwistern. Herzerwärmend und kaum zu kopieren.

Manchmal überwältigt uns traurige Hilflosigkeit und die Erkenntnis, dass wir und auch unsere Gesellschaft als Gesamtes an vielen dieser Grenzerfahrungen scheitern, scheitern müssen. … und doch für jeden von uns ist Julias Welt unbeschreiblich bereichernd.

Nur wenige Menschen sind fehlerlos…

Julia schon…

Liebe pur!

43 - Worte von Brigitte Trümpy Birkeland

Wenn zwei Frauen
Projekte
verbinden

Melanie..

Irgendwann gefunden.

Irgendwo auf meinem Weg mit Sternentaler über Facebook.

Mir aufgefallen durch ihren Blog, ihre Posts,

ihre berührende Art zu schreiben und zu beschreiben.

Eine der Familien, die ich meine, wenn ich Sturmfamilie sage.

Eine, bei der eine Diagnose alles verändert hat.

Alles.

Für immer.

Eine, die im Dauersturm lebt.

Schon viel zu lange.

Melanie..

Eine, die längst wieder aufgestanden ist und nun mit der Kraft ihrer Worte

Fenster öffnet für die Menschen, die mitlesen.

Damit sie dazulernen und sich vielleicht irgendwie vorstellen können,

was es bedeutet und abfordert und heisst:

dieses Leben mit Angelman.

Melanie..

Eine, die sich auch einer Sache verpflichtet hat,

für die es weder Geld noch Ruhm gibt,

aber Berge von Dankbarkeit.

Eine, die Halt und Hoffnung gibt andern betroffenen Eltern.

Eine, die Lichtfigur ist und der es gelingt,

das Glück im Unglück zu sehen

Eine, die Licht in die Dunkelheit zündet.

An jedem neuen Sturmtag.

Melanie..

Wir haben uns getroffen irgendwann.

Und sie war genauso, wie ich es dachte und fühlte.

Da war nichts Fremdes,

nur Vertrautes.

Zwei Generationen.

Wir nahmen uns an der Hand für einen gemeinsamen Weg,

als Sturmfrauen und Projektleiterinnen.

Da war so viel Verbindendes.

Und es fühlte sich an, als hätten wir uns schon sehr lange gekannt.

Das ist die Magie dessen, was wir tun.

Das ist das Benzin für unsere Motoren.

Und das ist das Glück im Unglück.

Menschen zu begegnen wie ihr.

Melanie..

Wir sind uns nahe, auch wenn wir uns nicht oft sehen.

Wir gehen einen gemeinsamen Weg.

Haben eine gemeinsame Sprache und erfinden Vieles neu.

Wir sind auch ein bisschen Pioniere.

Und stolz auf alles, was wir erreichen und bewegen können.

Melanie..

Mein Herzensdank für alles, was war, ist und noch kommen wird.

Du bist meine ganz persönliche Heldin des Alltags im Sternentalerjahr 2017.

Hast einen festen Platz in meinem Herz.

Für immer, ewig und noch viel weiter.

Brigitte Trümpy Birkeland

Autorin von „Sternenkind" - „Wie Till seinen Himmel fand"

und Präsidentin vom Verein Sternentaler

www.sternentaler.ch

44 – Blogkommentare auf www.facebook.com/JuliaderWeg

Wenn mich wertvolle Rückmeldungen erreichen

Alessandra:
Beidruckend ohni Endi, sind dini Gschichte mit und vo de Julia. Berührend dini Gfühl und Emotione, schö dass du sie teilsch mit üs. Nur es bitzli chanis mitfühle, aber es berührt mi immer wieder, die Liebi und aber au d Truur z gspüre.

Susan:
Es ist so wertvoll teilhaben zu dürfen an Eurem Leben...an Julias Leben! Ihr seid mir unbekannterweise sooo fest ans Herz gewachsen!!

Rahel:
Es ist berührend, wie ihr als Familie gemeinsam den Weg geht. Danke für den Einblick und für die Möglichkeit, in Gedanken mitzufühlen. Danke auch für die Aufklärung - es hilft mir, meine so unterschiedlichen Schülerinnen und Schüler und ihre Familien besser zu verstehen.
Ich wünsche einfach viel Kraft, Energie und Freude für jeden Tag. Und immer genug helfende Hände, wenn sie gerade gebraucht werden!

Cornelia:
Wie immer gehen deine Texte mitten ins Herz und ich sitze da weine oder lache mit euch. Eure Geschichte geht mir sehr nahe. Ich habe vorher noch nie vom Angelman-Syndrom gehört, danke, dass ich über dich mehr davon erfahre.

Anna:
Danke dir, dass du mich und andere teilhaben lässt an deinen Gedanken; so berührend formuliert. Dass wir die Chance kriegen, hineinzusehen in diese Welt. In deine Familie, die so anders funktioniert, mit so viel Liebe alle Widrigkeiten meistert. Ich bewundere dich und euch!

Melanie:
Danke, dass du uns immer wieder ein Fenster öffnest und uns teilhaben lässt sowohl an schönen, wie auch an schweren Momenten. So viel können wir von euch lernen - sowohl über das Angelman Syndrom, wie auch über das Leben selbst. Danke!

Tamara:
Danke, dass du uns teilhaben lässt und unseren Horizont erweiterst!!

Denise:
Es ist so gut, dass du das machst und ich lese so gerne von Dir, von euch. Manchmal mit einem Lachen, manchmal mit Tränen. Aber immer mit viel Liebe. Aus Deinem Teilhaben an eurem Alltag lerne ich so viel.

Nanette:
Mir gefällt, wie ehrlich du schreibst. Wie exakt du dich ausdrücken kannst... man fühlt die erdrückenden Momente, wenn Julia wieder mal nicht ganz da ist oder krank... den Schmerz, nicht mit ihr kommunizieren zu können, die Intensität des Wunsches, es einmal möglich zu machen. Man spürt die Schwere, die auf dir lastet, wenn du körperlich und mental fast am Ende bist. Den Schlafentzug. Man fühlt, dass du trotz allem ein unglaublich positiver Mensch bist, fähig die schönen Momente intensiv zu geniessen, fähig zu unglaublicher Dankbarkeit... getragen von einer tollen Familie. Mir gefällt der Blog weil du mir gefällst, als Mami und Mensch, weil du echt erscheinst. Und: weil Julia unglaublich süss ist!

Cornelia:
Ich lese bei dir / euch mit, weil ich als Schulische Heilpädagogin grosses Interesse daran habe, die Elternseite zu kennen und deren Bedürfnisse kennen zu lernen. In deinem Blog erfahre ich auf einer niederschwelligen Ebene enorm viel, was mich in direktem Elternkontakt meiner Meinung nach sensibler zuhören und wahrnehmen lässt.
Nicht zuletzt lerne ich sehr viel über das Angelman-Syndrom, und das, ohne gleich ein medizinisches Wörterbuch hervorgrübeln zu müssen. Vielen Dank!

Mirjam:
Ich lese den Blog gerne um zu sehen, dass auch andere hadern, sich aufraffen, Mut suchen und finden, Hochs und Tiefs erleben. Ich bewundere, dass Du die Kraft hast zu schreiben und ich bewundere die Authentizität des Geschriebenen. Die ganze Welt soll und darf wissen was eine Familie leistet, die ein besonderes Kind betreut. Ich danke Dir von ganzem Herzen.

Fränzi:
dein blog hat mir eine tür zu einer welt geöffnet, die ich vorher nicht kannte... eine welt, von der ich nicht die geringste ahnung hatte, WAS für hürden, schwierigkeiten und schmerzliche erfahrungen ihr als familie und du als mama tagtäglich zu bewältigen habt... wieviel ohnmacht, wut und trauer hinter einer solchen diagnose steckt... und was du TROTZ ALLEM für eine übermenschlich nichtendenwollende liebe deiner julia und deiner familie jeden tag aufs neue schenkst... ich verneige mich tief vor dir und deinen lieben..

Reni:
deine Worte und die Art wie du geschrieben hast haben mich ab der 1. Sekunde gefesselt und sehr berührt. Ich bewundere dich liebe Melanie als Mensch, du hast meine volle Hochachtung. Das was du als Mutter einer Angelmantochter tagtäglich mit deiner Familie bewältigst und nebst dieser Herausforderung den Angelman Verein Schweiz ins Leben gerufen hast, das verdient den grössten Respekt den es nur geben kann.... eure Julia hat solch ein Glück eure Tochter zu sein ... mehr Liebe sowie Geborgenheit gibt es nicht.

Andrea:
Schön das sich unsere Wege gekreuzt haben du Liebe!

Sandra:
So wertvoll sind deine Beiträge aus dem Leben für mich, weil sie meinen Horizont erweiterten. Als Nicht-Betroffene, ohne „besondere" Menschen in der Familie, sind mir viele deiner Anforderungen und Schwierigkeiten fremd. Am Schönsten finde ich, dass ich nun behinderte Kinder und Erwachsene anders sehe. Ich fühle mich ihnen näher und vertrauter.

Conny:
Ich fühle sehr mit Euch mit. Oft sprichst du mir aus dem Herzen. Auch wenn unser Kind eine andere Behinderung hat, sind die Auswirkungen ähnlich... Ich bin froh und dankbar, dass du diese wunderbaren und so wahren Texte verfasst, die so viele Menschen erreichen. Das baut Brücken und schafft mehr Verständnis...

Jaclyn:
Unändlich dankbar bin ich, das ich a dinere siite dörf si, näbe dir wänd nächi bruchsch oder zum mitenand lache, vor dir, zum s hellä zeige wänns dunkel überwiegt und hinter dir zum dir dä rugge stärche wäns grad wieder sehr steinig isch. du häsch ä wunderbari tochter und än uh kuule herzensguete sohn.

Yvonne:
Wir gehen den Weg gemeinsam - denn gemeinsam ist vieles leichter. Danke, dass es euch gibt!

Gaby:
Ich bin Sozialbetreuerin mit Fachrichtung Behindertenpädagogik und arbeite in einem Sonderpädagogischen Zentrum. Mit deinem Blog und deiner ehrlichen, geraden und herzlichen Art gibst du mir die Möglichkeit, ein bisschen in die Herzen und Gedanken einer Mama von einem Kind mit besonderen Bedürfnissen „hineinzufühlen". Es bereichert mich sehr und macht mich feinfühliger, gerade auch im Umgang mit „meinen" Eltern. Ihr seid eine wahnsinnstolle Familie mit zwei super lieben Kindern! Danke für deine Zeilen!

Sandra:
Ich lese gerne mit weil wir dasselbe Schicksal teilen und im Alltag dasselbe erleben, erfahren und spüren. In tiefer Verbundenheit.

Silvana:
Ich liebe Deine Worte und wie Du es immer wieder auf den Punkt bringst. Die Ähnlichkeit mit unserem Lischen. Liebe Melanie, schön, dass es Euch gibt!

Alexandra:
Verbunden mit Deinen Gedanken für den Rest des Lebens...

Claudia:
Ehrlich. Fadegrad. Respektvoll.
Dankä Melanie, dass i di kenn.

45 – Danke

Wenn ich dankbar bin,
dass es dich
gibt

Ich habe bis anhin
in einem Buch
noch nie
die Danksagungen gelesen.
Aber jetzt geht es um meine Geschichte
und ich merke,
wie wichtig
dieser Teil ist.

Danke Roman:
Du bist mein Glück.
Seit mehr als 16 Jahren
an meiner Seite.
Tief verbunden.
„Ich ha Dich unändlich fescht gärn."

Danke Yanis:
Du machst mich
zum stolzesten Mami
des Universums.

Danke Manuela:
Du bist nicht nur die beste Schwester, die ich mir wünschen kann, sondern auch das allerbeste Yanisgotti der Welt! Ohne Dich wären wir in den ersten Jahren zerbrochen. Deine Hilfe und Unterstützung ging weit über das normale hinaus und für Yanis bist Du noch heute eine der wichtigsten Bezugspersonen. Dein medizinisches Knowhow zu jeder Tages- und Nachtzeit hat uns schon so oft gerettet und Deine Erfahrung und Dein sachlicher Rat sind unendlich viel wert, wenn es mal wieder heftig stürmt. Danke, dass Du für uns da bist und auch Deine Familie uns so nah verbunden ist.

Danke Mami und Papi:
Es ist nicht in Worte zu fassen, was ihr für uns macht. Euch an unserer Seite zu haben bedeutet uns sehr viel. We are family. Und was für eine!

Danke „Team Julia":

Was würden wir bloss ohne euch tun?
Ihr leistet einfach Grossartiges und seid für Julia in den letzten Jahren wertvolle Bezugspersonen geworden. Wie schön, dass es junge Menschen wie euch gibt!

Danke Andrea:

In Dir habe ich eine Freundin fürs Leben gefunden. Es ist schön zu spüren, dass das Angelman-Syndrom unserer Töchter einen positiven Nebeneffekt hat. Mit Dir zusammen den Angelman Verein Schweiz so erfolgreich zu führen, bedeutet mir sehr viel. Die Bürotage mit Dir sind jedes Mal mit so viel Verbundenheit gefüllt, dass es schwerfällt Dich länger nicht zu sehen. Mit Dir zu weinen und zu lachen gibt Kraft. Immer wieder aufs Neue. Du hast eine wundervolle Familie und ich freue mich auf weitere „Gossi-Della Rossa-Tage" mit Focaccia und Selbstauslöser.

Danke Jaclyn:

Danke für Deine tiefe Freundschaft.
Deine Umarmungen.
Deine Anteilnahme.
Du bist für mich der Beweis, dass man auch ohne eigenes Kind mit einer Behinderung ganz fest mitfühlen kann! Wie schön haben sich unsere Wege dank Sternentaler in Konstanz gekreuzt! Seither bist Du nicht mehr aus meinem Leben wegzudenken. Als allererste ausserfamiliäre Leserin meines Manuskripts danke ich Dir für Deine ehrlichen Worte. Deine Rückmeldungen. Deine konstruktive Kritik.

Danke Bea:

Ohne Deine motivierenden Worte wäre ich mit meinem Buch nicht da, wo ich heute bin. Danke fürs Ermutigen. Fürs Anspornen. Fürs gut Zureden. Fürs an mich Glauben. Du bist der Auslöser, dass „Ohne Liebe ist es nicht zu schaffen!" als Buch erhältlich ist. Dafür bin ich Dir sehr dankbar! Ich freue mich jetzt schon auf unser nächstes Kafi im Intermezzo.

Danke Yvonne und Jürgen:

Trotz räumlicher Distanz sind wir uns sehr nah und durch unser Schicksal eng verbunden. Der Austausch mit Euch bedeutet mir viel. Danke für Eure Freundschaft.

Danke meinen Freundinnen:

Fürs Festhalten.

Fürs Zuhören.

Fürs Mitweinen.

Fürs Aufmuntern.

Fürs da Sein!

Ohne Euch,

wär ich verloren.

Danke Brigitte:

Du tolle Frau! Du hast mich bestärkt und unterstützt den Schreibkurs im Hirschli zu machen. Was daraus entstanden ist, bedeutet mir unendlich viel.
Danke, dass es Dich gibt!

Danke Erika/Gromi:

Für Deine vielen Stunden der Entlastung, die Du uns in den ersten Jahren ermöglicht hast. Für die ultimativ feinsten Schinkengipfeli der Welt und der rettenden und wärmenden Kürbissuppen, mit denen Du unseren Gefrierschrank gefüllt hast für dann, wenn keine Zeit war zu kochen.

Danke allen die an unserer Seite sind:

Ein Umfeld zu haben, das trägt, stützt, für uns da ist und nicht wegschaut, ist unendlich wertvoll. Wir danken Euch ganz fest!

Danke Sybil und den Schreibfrauen:

Die Samstage mit Euch im Hirschli in Zurzach waren sehr bereichernd. Danke, durfte ich Teil sein dieser kleine feinen Runde lichtblickender Frauen. Danke fürs Aufbauen. Für die Rückmeldungen. Fürs Bestärken. Für die kreativen Stunden. Wie schön, haben sich unsere Wege gekreuzt. Ihr fehlt mir jetzt schon!

Danke Dr. Alber und Dr. Schmitt-Mechelke:

Meine zwei Lieblings-Julia-Ärzte. Danke für Ihre fachliche Kompetenz. Für Ihren Rat. Für Ihre Unterstützung. Für Ihr grosses Herz.
Sie beide als Wegbegleiter an unserer Seite zu wissen, bedeutet uns die Welt.

Danke liebe Freunde der Angelman Vorstände der deutschsprachigen Vereine:
Für euer Vertrauen und eure grosse Wertschätzung. Für den intensiven Austausch und die tolle Zusammenarbeit. Danke, dass in den letzten Jahren aus Internet-Bekanntschaften tiefe Freundschaften im realen Leben entstanden sind. Die Reisen nach Wien und an den Möhnesee sind Highlights in der Vereinsarbeit und die Tage und Nächte mit Euch jedes Mal viel zu schnell vorbei. Ich freu mich jetzt schon wieder auf unser nächstes Wiedersehen.
Zusammen sind wir stark!
www.angelman.ch – www.angelman.de – www.angelman.at

Danke allen Unterstützerinnen und Unterstützern:
Welche in den ersten Jahren mitgeholfen haben, die teuren Anschaffungen für Julia zu finanzieren. Den grössten Teil des Pflegebetts, die Kirchsteintherapiekiste und das Therapie-Dreiradtandem sind nur einige der wichtigen und sehr wertvollen Hilfsmittel, welche Julia und uns entweder den Alltag erleichtern oder für unbeschwerte Stunden sorgen.

Danke Elvira:
Für das Korrigieren und Lektorieren meiner Texte. Mit Deinem Adlerauge hast Du Fehler gefunden, die ich trotz dutzender Male durchlesen des Manuskripts nicht mehr sah. Unendlich wertvoll Deine Rückmeldungen. Danke ganz fest für Deine RIESENARBEIT! Ich bin Dir unendlich dankbar, hast Du meinem Buch und mir so viel Zeit geschenkt!

DANKE:
All meinen lieben Wegbegleiterinnen und Wegbegleitern, den verschiedenen Vereinsvorständen, meinen treuen Blogleserinnen und Bloglesern.
Danke an alle die unseren turbulenten Alltag mitprägen.
Jede(n) persönlich zu nennen, ist unmöglich.
Ich hoffe Du spürst,
dass ich Dich
meine!

Bildlegende:

	Julia, Herbst 2016 Spaziergang Richtung Oberwil ZG Foto: Melanie Della Rossa
	Titel Innenseite, Herbst 2017 von Melanie von Hand geschrieben Foto: Melanie Della Rossa
	Melanie, Sommer 2014 Jahrestreffen Angelman Verein Schweiz Foto: Patrick Spycher (www.patrickspycher.ch)
	Roman, Melanie, Yanis und Julia, Herbst 2016 im Garten auf der Rigi Foto: Grosspapi
	Julia und Melanie, Herbst 2016 Wanderung auf der Rigi Foto: Bea Segmüller
	Strassentafel, Winter 2016 verschneite Tafel beim Firstweg auf der Rigi Foto: Melanie Della Rossa
	Melanie und Roman, 9. Monat schwanger, 2007 in ehemaliger Wohnung in Jona SG Foto: Selbstauslöser

Julia, am Geburtstag, 18. April 2007
im Spitalbett kurz nach der Geburt
Foto: Roman Della Rossa

Julia und Melanie, Sommer 2010
Ausflug auf dem Raten
Foto: Roman Della Rossa

Julia, Winter 2011
Weihnachtsbild
Foto: Melanie Della Rossa

Julia, Sommer 2010
Park im Grünen, Rüschlikon
Foto: Melanie Della Rossa

Julia, Frühling 2010
zu Hause in Zug
Foto: Melanie Della Rossa

Harry Angelman, 2015
zum Gedenken 50 Jahre „Angelman-Syndrom"
Foto/Quelle: Internationale Angelman Vereinigung

Julia, Sommer 2010
Ausflug auf dem Raten
Foto: Roman Della Rossa

Julia, Frühling 2014
zu Hause in Zug
Foto: Melanie Della Rossa

	Julia mit Nonna und Grosspapi, Frühling 2016 in der Hängematte auf der Rigi Foto: Melanie Della Rossa
	Julia und Yanis, Herbst 2013 Auf dem Weg an die Bushaltestelle Foto: Melanie Della Rossa
	Julia, Herbst 2015 zu Hause in Zug Foto: Melanie Della Rossa
	Julia, Frühling 2015 zu Hause in Zug Foto: Melanie Della Rossa
	Elternbesuchstag, Frühling 2016 Heilpädagogische Schule Zug Foto: Melanie Della Rossa
	Julia, Winter 2015 Weihnachtstheater Foto: Melanie Della Rossa
	Julia, Frühling 2016 Ausflug ins Verkehrshaus Foto: Lea Häfliger
	Julia und Roman, Winter 2016 Ausflug auf den Raten Foto: Melanie Della Rossa

Melanie und Andrea, Frühling 2017
Jahrestreffen Angelman Verein Deutschland in Möhnesee
Foto: Jürgen Otzelberger

Julia und Melanie, Frühling 2016
Geburtstag von Julia
Foto: Jaclyn Traxel

Julia, Winter 2016
Hochzeit Manuela und Oli
Foto: Maria Schmid (www.mariaschmid.ch)

Julia, Herbst 2015
Ferienbetreuung Stadt Zug
Foto: Betreuerin von Julia

Julia, Frühling 2017
Ausflug mit Nonna und Grosspapi
Foto: Nonna

Julia, Sommer 2017
nach einen Hitzetag den Garten spritzen
Foto: Roman Della Rossa

Julia und Melanie, Herbst 2016
Ausfahrt mit Sponsoren des Tandems
Foto: Reto Stampfli

Julia, Frühling 2017
im Eingang auf dem Boden liegen
Foto: Melanie Della Rossa

Julia, Herbst 2015
am Morgen auf das Tixi für die Schule warten
Foto: Melanie Della Rossa

Julia und Melanie, Frühling 2017
im Garten in Zug
Foto: Andrea Gossweiler

Yanis, Winter 2017
Sonnenuntergang auf dem Schild, Rigi
Foto: Roman Della Rossa

Julia, Frühling 2017
Ausflug auf dem Zugerberg
Foto: Selin Stampfli

Julia, Herbst 2017
SBB Begleitausweis
Foto: Melanie Della Rossa

Roman und Melanie mit Yanis, Sommer 2016
Ferien am Meer in Italien
Foto: Freund von Yanis

Julia, Sommer 2017
Am Morgen auf der Rigi
Foto: Nonna

Julia, Sommer 2017
herzzerreissende Schreiphase und niemand weiss wieso...
Foto: Melanie Della Rossa

	Julia, Sommer 2017 am Morgen vor der Schule Foto: Melanie Della Rossa
	Julia und Melanie, Herbst 2016 zu Hause im Garten Foto: Melanie Della Rossa
	Julia und Yanis, Rigi Sommer 2017 an der Seite ihres Bruders Foto: Melanie Della Rossa
	Julia und Roman, Sommer 2017 am Kuscheln auf der Rigi Foto: Melanie Della Rossa
	Roman und Melanie mit Julia, Herbst 2016 Spaziergang in Zürich Foto: Andrea Gossweiler
	Julia und Luna, Frühling 2015 Angel-Freundinnen im Bällebad in Zug Foto: Andrea Gossweiler
	Julia, Sommer 2017 Jahrestreffen Angelman Verein Schweiz Foto: Patrick Spycher (www.patrickspycher.ch)
	Melanie und Andrea, Sommer 2015 Jahrestreffen Angelman Verein Schweiz Foto: Patrick Spycher (www.patrickspycher.ch)

	Julia und Yanis, Herbst 2014 Tierpark Goldau Foto: Melanie Della Rossa
	Melanie und Brigitte, Heiri an der Handorgel, Winter 2016 Sternentaler Sturmfrauentreffen, Wildhaus Foto: Eveline Kälin
	Julia und Melanie, Frühling 2016 zu Hause im Garten Foto: Melanie Della Rossa
	Julia, Frühling 2017 vor ihrer selbstgemachten Zeichnung, HPS Zug Foto: Betreuerin von Julia
	Julia, Sommer 2017 Ausflug mit Papi Foto: Roman Della Rossa
	Julia, Sommer 2015 Aussichtspunkt Rigi Kulm Foto: Grosspapi

Ohne Liebe
ist es nicht zu schaffen!

Unser Weg geht weiter.
Tag für Tag.
Schritt für Schritt.
In Julias Tempo.
Danke,
dass ihr uns
begleitet